서평 쉽게 쓰는 법

네이버 도서 인플루언서가 알려주는
서평 쉽게 쓰는 법

초판 1쇄 발행 2023년 6월 15일

지은이 이혜진
편집인 옥기종
발행인 송현옥
펴낸곳 도서출판 더블:엔
출판등록 2011년 3월 16일 제2011-000014호
주소 서울시 강서구 마곡서1로 132, 301-901
전화 070_4306_9802 **팩스** 0505_137_7474
이메일 double_en@naver.com

ISBN 979-11-91382-22-8 (03320)

네이버 도서 인플루언서가 알려주는

서평 쉽게 쓰는 법

이혜진 (다정한 어흥이) 지음

더블:엔

C O N T E N T S

6장 토닥이며 고치기(퇴고하기)

7장 매일 쓰는 사람이 작가입니다

출판사 서평 복붙은
하지 않기로 해요!

저는 서평을 쓰기 위해 블로그를 시작했습니다.

출판사에서는 서평단으로 책을 공짜로 보내주고 필수 해시태그를 정해주면서도 서평을 어떻게 쓰는지는 알려주지 않더군요. 처음엔 1,000자 내외의 서평을 쓰는 데 무려 두 시간이 걸렸습니다. 읽은 느낌과 인상적이었던 문장을 옮겨 적는 정도의 아주 단순한 서평이었는데 말이죠.

서평을 500편 이상 쓰면서 감이 오더라고요. 독후감과 서평의 차이가 뭔지, 소설 같은 문학 장르를 쓸 때 꼭 넣어줄 정보가 무엇인지, 비문학 장르를 읽을 땐 어떤 부분에 집중해서 읽어야 서평쓸 때 도움이 되는지를요. 무엇보다 서평은 정형화하여 쓸 수 있는 글이라 어떤 구성으로 쓸지 매번 고민할 필요가 없었습니다.

차곡차곡 서평이 쌓이자, 네이버 도서 인플루언서로 활동을 하게 되었고, 서평 강의도 할 수 있었습니다.

한번은 도서관 사서 선생님들을 대상으로 서평 강의를 진행했는데, 놀랍게도 몇몇 사서 선생님께서 도서관 홈페이지에 올리는 서평을 인터넷 서점의 책소개 글 그대로 붙이셨더라고요. 책과 관련된 일을 업으로 삼고 계신 사서 선생님들조차 인터넷 서점의 출판사 서평을 복붙해서(복사 후 붙여 넣기) 쓰시는 걸 보고 여러 생각이 들었습니다. 그러던 차에 최근에 만난 한 출판사 대표님은 이런 말씀을 하셨어요. 출판사에서 올린 책소개 내용을 그대로 긁어다 쓰는 서평들이 너무 많아 실망스러워서 한동안 서평단 운영을 하지 않았다고요. 진정성 없는 서평은 없어도 괜찮겠다고 생각했다면서요.

초등학교 때 억지로 독후감을 제출했던 기억, 누구나 있을 거예요. 정작 성인이 되어 제대로 읽고 쓰는 법이 궁금하지만 물어볼 곳이 마땅치 않았던 탓에 출판사 서평을 훔쳐보기도 하고, 마음 내키는 대로 써왔던 서평일 거예요. 저도 그랬고요.

이제 서평을 어떻게 쉽게 잘 쓸지 자세하게 알려드리겠습니다.

우선, 읽을 책 한 권 골라오시고요. 딱히 보이는 책이 없다면 지금 읽고 계신 이 책으로 시작하셔도 좋겠습니다. 본문 중간중간 나오는 15개의 서평 쓰기 팁을 따라 차례대로 쓰다 보면 15일 후에는 서평 한 편이 완성되어 있을 겁니다.

1. 책을 제대로 읽고 싶다면,
2. 글쓰기 연습을 충분히 하고 싶다면,
3. 나만의 콘텐츠를 갖고 싶지만 당장 뭘 해야 할지 막막하다면

서평부터 써보세요.
이 세 가지 고민을 다 해결하는 방법이니까요.

글쓰기에 익숙하지 않은 왕초보도 쉽게 서평 쓰는 법, 지금부터 같이 시작해 보실까요?

게 쓰는지'에 대해서는 알려주지 않더군요. 초등학교를
도 없었지 싶습니다. 공짜로 받은 책의 서평을 시작으로,
했지만 반복하다 보니 어떤 구성으로 써야 할지 감이 오
형&등장인물 소개를 해줘야 사람들이 무슨 이야긴지

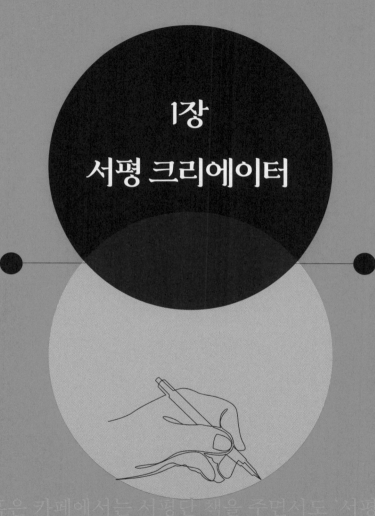

1장
서평 크리에이터

…사 혹은 카페에서는 서평단 책을 주면서도 '서평을 어떻…
…후론 우리가 쓴 독후감 내지는 서평을 제대로 봐준 사람…
…을 읽고 기록으로 남겼습니다. 처음엔 어떻게 쓸지 막막…
…첫 문장 쓰기가 막막하면 이렇게 하면 되겠구나.'' 소설 …
…다.''경제경영서엔 목차에 중요한 키워드가 다 들어가…

01.

공짜 책 때문에
시작한 블로그

10년 전, 태어난 지 6개월도 되지 않은 아기를 키우던 저의 유일한 낙은 인터넷 카페 공구(공동구매)였어요. 기저귀, 분유, 반찬, 심지어 속옷까지 없는 것이 없었지요. 덕분에 공구가 업데이트될 때마다 많지도 않은 제 육아휴직 급여가 통째로 사라지곤 했습니다.

더 이상 육아 공구 카페에서 살 것이 없어지면 그 다음 행선지는 서평단으로 '공짜 책'을 자주 나눠주던 도서 공구 카페였습니다. 엄밀히 말하면 서평을 쓰는 조건이 전제된 책이었지만요.

운 좋게 몇 번 서평단에 당첨되었습니다. 서평을 써야 하니 어쩔 수 없이 네이버에 블로그를 만들었고요. 책은 재밌게 읽었는데, 막상 서평을 쓰려고 블로그를 열면 커서만 깜빡이는 광활한 화면이 막막해 보이더군요.

화면을 한참 노려보다 이렇게 첫 문장을 적었습니다.

"우리 꼬맹이를 만난 지도 사 개월이 되어간다."

10분을 고민하고 적은 문장이 고작 이거라니. 그때 여실히 깨달았죠. 책 읽기보다 훨씬 어려운 게 서평 쓰기란 걸요.

어른이 된 이후로 아무도 알려주지 않은 '읽은 책 기록하는 법'

출판사 혹은 카페에서는 서평단 책을 주면서도 '서평을 어떻게 쓰는지'에 대해서는 알려주지 않더군요. 초등학교를 졸업한 이후론 우리가 쓴 독후감 내지는 서평을 제대로 봐준 사람도 없었지 싶습니다.

공짜로 받은 책의 서평을 시작으로, 꾸준히 책을 읽고 기록으로 남겼습니다. 처음엔 어떻게 쓸지 막막했지만 반복하다 보니 어떤 구성으로 써야 할지 감이 오더군요.

'첫 문장 쓰기가 막막하면 이렇게 하면 되겠구나.'

'소설 서평은 등장인물 소개를 해줘야 사람들이 무슨 이야긴지

이해하는구나.'

'경제경영서엔 목차에 중요한 키워드가 다 들어가 있네?'

한때는 필사 노트에 기록했지만 지금은 주로 네이버 블로그에 서평을 남깁니다. 한 권 두 권 서평으로 남긴 책은 500권이 넘었습니다. 그 덕에 네이버 도서 인플루언서가 되었고, 꾸준히 읽고 남긴 기록을 토대로 두 권의 책을 출간할 수 있었어요. 공짜 책을 받으려고 시작한 서평이 저에게 뜻밖의 큰 기회를 만들어주었습니다.

- 서평을 쓰기 위해 집중해서 책을 읽는 습관이 길러졌고,
- 글쓰기 실력이 자연스럽게 향상되었고,
- 서평을 내 콘텐츠로 삼을 수 있었으며,
- 책 출간과 인플루언서라는 확장이 가능했어요.

연말연시가 되면 습관처럼 새해 목표를 세웁니다. 책 50권 읽기 혹은 100권 읽기가 제일 흔한데, 서평 50개 쓰기, 100개 쓰기는 들어보지 못했습니다.

책읽기만큼이나 중요한 것이 서평 쓰기인데, 어쩌면 우리 모두 읽기라는 인풋에만 집중하고, 제대로 읽었는지 검증해볼 수 있는 쓰기는 등한시하고 있는 것인지도 모르겠어요.

서평을 제대로 쓰려면 자연스럽게 '잘' 읽을 수밖에 없습니다. 책은 재밌게 읽었는데, 남는 게 없다면 '읽는 방법'뿐 아니라 '쓰는 방법'에 대해서도 고민해보세요. 최고의 독서 아웃풋이 서평이니까요.

어른이 된 후에도 제대로 배우지 못했던 '쉽게 서평 쓰는 법', 이제부터 시작합니다.

서평단으로 공짜 책을 받고 1,000자 내외의 서평을 쓰는데 두 시간이 걸렸다.

02.

읽고 그냥 덮으시게요?
아웃풋 독서의
최고봉, 서평 쓰기

≡

줄리언 반스의 《예감은 틀리지 않는다》를 읽고 흥분해서 남편에게 외쳤습니다.

"대박이야! 대박 반전이야! 진짜 재밌어!!!"

"왜? 무슨 이야긴데?"

대박이야! 라고 외친 사실이 무색하게 주인공 이름부터 기억이 잘 나지 않더군요.

"그러니깐 주인공 남자가 '토니'고 여주인공이 베… 뭐더라? 아, 맞다… 베로니카인데… 둘이 연인인데… 뭐가 대박이냐면…."

줄거리를 읊기도 전에 이미 남편의 흥미는 뚝 떨어졌고요.

책을 제대로 읽었는지 확인해보는 방법은 간단합니다. 읽은 책의 내용을 옆사람에게 설명해보면 됩니다. 제대로 이해하지 못한 책이라면 당연히 설명도 제대로 할 수 없지요.

대박이라고 외쳤던 책의 줄거리조차도 제대로 요약하지 못하는 저를 보면서 '읽는 방법'에 대해 고민하기 시작했습니다.

중요한 곳에 밑줄도 긋고
모퉁이에 느낀 점도 적어보자

제대로 읽기에 대해 고민하며 시도한 방법은 책에 밑줄 긋기였죠. 확실히 깨끗하게 읽는 것보단 손으로 밑줄도 긋고 모퉁이에 느낀 점도 쓰니 눈으로 훅훅 넘길 때와는 집중도가 다르더군요.

밑줄이 남겨져 있으니 나중에 다시 책을 펼쳐볼 때도 어떤 부분을 중요하게 생각하며 읽었는지 바로 파악이 되었어요.

문제는 도서관에서 빌려보는 책에는 밑줄을 그을 수 없다는 거죠. 게다가 밑줄을 긋고 메모도 하려면 자리를 잡고 앉아서 책을 읽어야 하는데, 저는 주로 출퇴근길 지하철에서 서서 읽거든요. 지하철에서 책에 밑줄까지 그으며 읽는 건 쉽지 않더라고요.

필름 인덱스 붙이기

빌려온 책이거나 지하철에서 독서할 때 다이소에서 나온 필름 인덱스를 애용합니다. 천 원에 약 400매나 되어 양도 넉넉하고요. 무엇보다 책을 손상시키지 않고 몇 번이나 재활용이 가능한 점도 좋습니다. 너무 많은 페이지를 필름 인덱스로 도배하면 붙이는 의미가 없어지므로, "한 챕터(큰 장)마다 5매 이하로 붙인다"는 나름의 원칙도 두었습니다.

필름 인덱스는 좋은 독서 도구지만, 역시나 붙여놓고 다시 보지 않는다면 전혀 도움이 되지 않죠.

발췌문 뽑을 때 필름 인덱스를 활용하는 방법은 4장 '시동 거는 책 읽기'를 참고하세요.

필사 노트

서평을 본격적으로 쓰기 전, 저는 오랫동안 필사를 했습니다. 토요일마다 아침 7시에 한적한 스타벅스에 가곤 했어요. 한 주간 열심히 읽었던 책, 다이어리와 좋아하는 펜만 챙겨서요.

필름 인덱스를 하나하나 떼며 손으로 문장을 베껴 쓰고, 베껴 쓴 문장 밑에 제 의견과 느낀 점을 같이 적었습니다.

손으로 베껴 쓴 문장 아래 부지런히 내려 적은 제 생각들은 첫 책이었던 독서 에세이의 좋은 소재가 되었습니다. 글쓰기가 막막할 때마다 이 필사 노트를 펼쳐보면 쓸 거리가 뚝 떨어지는 신기한 경험도 했고요.

실용적인 면에서뿐만 아니라 필사는 마음을 정화하는 데도 큰 힘을 발휘합니다. 육아와 회사일로 스트레스를 많이 받을 때 천천히 베껴 쓴 문장들이 마음의 생채기를 보듬어주는 느낌을 자주 받았어요. 지금도 글쓰기를 힘들어하는 분들께 가장 추천하는 방법 중 하나가 '필사하기'입니다.

그런데 이 필사에도 치명적인 단점이 있으니, 찾아보기가 불편하다는 거예요. 매번 다이어리를 뒤져야 하고, 전부 보관을 해야 하죠. 이사할 때에도 고스란히 들고 와 책꽂이에 꽂아두며 '활용도'에 대해 고민을 해야 했으니까요.

시중에 나온 독서 노트를 사서 적어보기도 했습니다. 하지만 그 형식에 맞춰 적는 게 저는 오히려 불편하더라고요. 더 많이 적고 싶은데 분량이 정해진 점도 마음에 들지 않았고요. 타이핑해서 전자 문서로 저장해둔 적도 물론 있죠. 손으로 쓸 때보다 훨씬 시간과 품이 절약되었지만 어지간해선 그 파일을 다시 열어보지 않게 되더라고요.

독서모임도 책을 제대로 읽는 좋은 방법입니다. 혼자서 읽을 때 발견하지 못했던 인사이트를 같이 읽으며 얻는 경우도 많거든요. 다만 독서모임에 들여야 하는 시간이 적지 않고, 성향에 따라서는 같이 모임 활동을 하는 것에 불편함을 느끼는 분들도 있습니다.

읽기의 몰입도를 올려주는
_____ 서평 쓰기

'제대로 읽는 방법'에 대해 고민하며 시행착오를 겪다 '서평 쓰기'가 최고의 방법이라고 결론을 내렸습니다. '서평을 써야지'라고 생각하면 집중도부터 달라집니다. 혼자 읽고 책을 덮는 순간 끝이 아니라, 이 책을 누군가에게 소개해야 하니까요.

책을 소개하려면 이런 내용들이 들어가야 합니다.

- 전체적인 줄거리 요약

- 책에서 중요하게 강조하는 내용, 핵심 키워드 소개

- 저자 소개

- 소설이라면 주인공과 등장인물의 관계 및 소개

- 읽고 나는 어떤 점을 느꼈고, 어떻게 적용할 것인지

단순히 줄거리만 요약하려 해도 책 속 흐름을 놓치지 말아야 하는데, 저자가 강조하는 핵심 키워드까지 찾으려니 대충 읽을 수가 없습니다.

서평 쉽게 쓰는 법

서평을 쓰면서 책 내용을 잘 요약할 수 있는 방법, 키워드를 찾을 수 있는 방법, 내 의견을 넣는 방법에 대해 자연스럽게 고민하게 되었습니다.

저는 주로 네이버 블로그에 서평을 적는데요, 필사 노트와 다르게 검색이 용이한 점이 큰 장점입니다. 키워드로 검색해서 제가 필요한 내용을 찾아볼 수 있어요. 책 좋아하는 이웃들과의 소통은 덤이고요.

다음 장에선 서평을 쓰다가 도서 인플루언서가 된 이야기를 해보겠습니다.

03.

내 콘텐츠 찾고,
인플루언서 되기

제가 서평을 쓰기 시작한 건 '공짜 책을 받기 위한 불순한 의도'였다고 앞서 고백을 했지요? 공짜 책 서평으로 시작했다가, 나중엔 제대로 책을 읽고 싶다는 고민 끝에 서평을 독서 아웃풋의 끝판왕으로 정했다고요.

책 읽기가 어느 정도 쌓이면 보통은 '글을 쓰고 싶다'는 생각을 하게 됩니다. 그러나 책 읽기와 글쓰기는 완전히 다른 세계지요. 책깨나 읽었다는 사람조차 글쓰기 실력은 형편없는 경우도 많고요. 글을 잘 쓰는 사람이 다독가일 확률은 높지만, 반대로 다독가라고 해서 반드시 글을 잘 쓰는 건 아닙니다.

글을 쓰고 싶지만 아직 막막하고 어렵다고 느끼는 분들께 제가 추천 드리는 처방은 두 가지입니다.

첫 번째는 앞서 말한 필사이고, 두 번째는 서평입니다.

서평, 가장 쉽게 시작하는 글쓰기

글을 쓴다는 건 쉬운 일이 아닙니다.

우선 쓸 글의 '주제'를 정해야 하고요. 그 주제를 보충할 에피소드나 경험, 관련 정보도 있어야 해요. 혼자서 볼 일기가 아닌 누군가에게 공개되는 글을 쓴다면, 시간을 들여 그 글을 읽을 가치, 즉 '메시지'도 포함되어야 해요. 매번 이렇게 주제, 경험, 메시지를 담아서 글을 쓰는 건 쉽지 않습니다.

하지만 서평은 이런 고민을 덜어줄 수 있죠.

- 목적 : 책에 대한 소개가 서평을 쓰는 목적이 되겠지요.

- 에피소드나 경험 : 책의 내용에 비추어 나의 경험, 느낀 점을 적을 수 있지요.

- 메시지 : 단순한 책 소개를 넘어 나의 해석, 의견을 담으면 메시지를 가진 서평

  이 됩니다.

특히 서평은 매번 창조적으로 글을 쓸 필요 없이 일정한 구조를 갖출 수 있기에 반복할수록 더 쉽게 쓸 수 있습니다.

글쓰기를 잘하고 싶은 분들께 제가 매번 말씀 드리는 겁니다.

"우선 서평 30개만 연속해서 써보세요. 글쓰기 실력 향상, 보장
합니다!"

서평도 꾸준히 쓰면 콘텐츠가 된다

요즘 '콘텐츠 크리에이터'라는 말을 많이 하죠. 회사에만 의존
하지 말고 두 번째 업으로 삼을 내 콘텐츠를 찾으라고요.

사실 말이 쉽지, 갑자기 '나만의 콘텐츠'를 찾으라니 막막하게
만 들립니다. 사고 치지 않고 회사일만 잘 해내기도 쉽지 않고, 집
에서 살림하며 아이를 키우느라 하루 종일 발을 동동거리며 뛰어
다니는데, 어느 틈에 내 콘텐츠를 찾는답니까?

저도 '콘텐츠'라는 단어를 들었을 때 막연한 동경, 현실과 동떨
어진 괴리감이 동시에 느껴졌어요. 그러다 블로그에 쌓은 서평이
300개에서 400여 개를 넘어가면서 느꼈습니다. 콘텐츠를 다른
곳에서 찾을 필요가 없더라고요. 내가 꾸준하게 기록을 남기고
있다면 그것이 바로 나의 콘텐츠가 됩니다.

콘텐츠는 대단한 성과일 필요가 없고, 이미 결론이 나 있는 결

과물일 필요도 없습니다. 지금 내가 하고 있는 '과정'을 보여주는 것으로도 콘텐츠가 되더라고요.

저는 블로그 이웃들이 꾸준히 남긴 기록이 콘텐츠가 되고 출간 계약까지 되는 과정을 자주 지켜봅니다. 다이어트 기록을 꾸준히 남기며 운동과 식단 정보를 주신 분이 출간 계약을 하고, 미라클 모닝을 실천하며 크고 작은 성공을 경험한 엄마들의 기록이 책으로 나오는 걸 몇 번이나 지켜봤고요.

저 또한 책을 제대로 읽고 싶다는 마음에 본격적으로 남긴 서평이 저의 콘텐츠가 되어가고 있는 걸 느낍니다. 제가 쓴 서평을 읽고 이웃들이 '나도 이 책 꼭 읽어봐야겠다'는 댓글을 남겨주면 뿌듯함을 느끼고요. 도서 인플루언서가 된 뒤엔 출판사의 서평단 기회를 더 많이 얻고 있습니다. 읽고 싶은 책들만 골라서 읽어야 할 정도로요.

'나만의 콘텐츠'를 갖고 싶다는 생각이 있다면 우선 이것부터 고민해보세요. '내가 크게 힘들이지 않고 꾸준히 할 수 있는 일이 무엇일까?'

누군가는 식단 조절이고, 누군가는 생활비 절약이고, 누군가는 책 육아일 수 있습니다. 저에겐 책 읽은 이야기를 나누는 것, 서평이었고요.

읽고 쓴 것이 나의 관심 바로미터

제가 서평을 이렇게 부지런히 쓰는 큰 이유 중 하나는 저의 관심사가 제가 읽은 책과 글에 바로 드러나기 때문입니다. 어떤 시기에 무엇에 관심을 가지고 꾸준히 읽고 공부하고 느꼈는지 바로 찾아볼 수 있으니까요.

제가 꾸준히 서평을 남기기 시작한 2017년도와 최근의 서평을 읽어보면 책의 장르도 서평의 구조도 글의 분위기도 다릅니다.

2017년의 관심사는 육아, 일잘러 되는 법, 관심 장르는 에세이, 자기계발서였습니다. 최근의 관심사는 돈 공부이고, 관심사에 맞춰 다양한 책과 강의를 섭렵하는 중입니다.

관심사는 내 강점을 더 돋보이게 해주기도 하지만, 내 약점을 대면할 용기를 주기도 합니다. 저의 경우 돈 공부가 그랬습니다.

10년 넘게 맞벌이를 꾸준히 해왔음에도 저와 남편은 대출을 받는 것이 너무 무서웠어요. 대출 한 푼 없는 작은 집에서 사는 것이 제 분수에 맞다고 오랫동안 생각했지요.

돈 공부를 하며 제가 그동안 돈에 대해 가지고 있던 무의식에 대해 깨달을 수 있었습니다. 주변 어른들에게 늘 "대출 잘못 받으면 집 날라가는 거야" "주식 함부로 하면 망하는 거야" 같은 소리를 들으며 자랐으니까요.

한때는 수중에 돈이 생기면 꼭 0이 보일 때까지 써버리고야 말았어요. 꼭 소비를 하지 않더라도 저축이나 투자를 해서라도 잔고를 비워버렸거든요. 이 행태를 가만히 돌아보니 "돈은 있다가도 없는 거야. 돈돈 거리면 돈이 도망가는 거야" 같은 소리를 되뇌며 돈이 다 없어지기 전에 써버린 거였어요.

다이어트와 가계부 쓰기가 어려운 점이 뭔지 아시나요? 직면할 용기가 나지 않는다는 거예요. 그 숫자가 보여주는 현재, 정확히는 내 밑천을 똑바로 바라볼 수 있는 용기요. 지금도 제가 제일 무서워하는 것이 체중계와 가계부에 적힌 숫자입니다. 형편없는 숫자를 마주할 때마다 덮고 싶은 마음이 들지만, 돈 공부를 시작한 이상 그대로 놓지 않기로 했습니다.

  큰 돈 들여 마음 공부할 필요 있나요? 내가 대면할 용기가 없어 외면하고 있는 '그것'부터 시작하면 됩니다. 시작은 그 분야의 책 읽기부터고요, 읽은 걸 서평으로 남기는 겁니다. 읽고 쓰고 깨지고 변화하는 과정을 누구나 볼 수 있도록 공개 기록으로 남기면 그게 바로 나의 콘텐츠입니다.

Tip

책 좀 읽는 사람들 모여라!
네이버 도서 인플루언서 도전

우리나라의 대표 검색 엔진 중 하나인 네이버에는 '인플루언서'라는 제도가 있어요. 예전의 파워 블로거 선정과는 기준이 많이 달라졌다고 합니다.

네이버에서 계속 정보를 검색하며 오랜 시간 체류하려면 '좋은 정보'가 있어야 합니다. 이 좋은 정보를 꾸준히 올려줄 다방면의 전문가를 인플루언서라 칭하고 있어요.

여행, 스타일, 푸드, 테크, 라이프, 게임, 동물/펫, 스포츠, 엔터테인먼트, 컬쳐, 경제/비즈니스, 어학/교육이라는 큰 카테고리로 나뉘어져 있고요. 저희가 도전할 도서 인플루언서는 컬쳐 분야의 하위 카테고리로 설정되어 있어요.

도서 인플루언서가 되면 뭐가 좋나요?

인플루언서의 제일 큰 장점은 내 글에 공신력이 생긴다는 점입니다. 같은 키워드로 검색을 해서 나온 글이라도 '인플루언서'라고 붙어 있으면 아무래도 더 신뢰가 가는 거죠.

수익적인 면은 개인 차이가 클 것 같습니다. 전 처음부터 수익화를 염두에 두지 않았고, 제 마음에 드는 도서를 제공받아 서평을 쓰는 정도입니다. 도서 인플루언서 중에는 북튜버, 북스타그램을 운영 중인 분들도 많이 있는데, 이 분들 중 상당수는 유료로 책 홍보를 해주고 계세요.

인플루언서가 되면 광고 수익 단가가 달라진다고 하는데, 단가가 높은 키워드는 도서 서평 쪽으로는 많지 않은 것 같습니다. 수익면에서는 가장 약한 부문이 도서라고 생각되지만, '읽고 쓰는 정체성'이 중요한 분들이라면 도전해 보시기를 추천 드리고 싶어요. 좋은 책을 읽고 서평을 쓰는 것이 소명처럼 느껴진답니다.

특히나 좋은 책 소개 감사하다는 댓글을 받을 때마다 힘이 불끈 솟지요.

신청은 어떻게 하나요?

네이버 인플루언서 센터 사이트로 이동합니다.
(https://influencercenter.naver.com/intro/infsearch)

로그인 후 지원할 주제를 선택하고(도서 인플루언서의 경우, 컬쳐) 도서로 선택합니다) 연동할 블로그 및 다른 SNS 주소를 인증합니다. 개인정보 수집 및 이용 동의 버튼을 누르고, 초록색의 '인플루언서 지원하기'를 누르면 완료!

지원 결과는 신청 후 약 1주일이 소요되고, 메일로 안내가 됩니다. 2회 이상 지원한 경우 마지막 지원일로부터 30일이 경과한 후 재지원이 가능합니다. 저는 무려 9번의 도전 끝에 인플루언서 선정이 되었어요.

이렇게 하니 되더라고요

인플루언서는 과거 파워블로거 때와는 다르게 일 방문자 수보다도 '전문성 있는 글을 얼마나 꾸준히 썼는가'를 중요하게 본다

N	인플루언서 검색	인플루언서 검색 지원 결과 안내드립니다.	🔍 ⤢
N	인플루언서 검색	인플루언서 검색 지원 결과 안내드립니다.	🔍 ⤢
N	인플루언서 검색	인플루언서 검색 지원 결과 안내드립니다.	🔍 ⤢
N	인플루언서 검색	인플루언서 검색 지원 결과 안내드립니다.	🔍 ⤢
N	인플루언서 검색	인플루언서 검색 지원 결과 안내드립니다.	🔍 ⤢
N	인플루언서 검색	인플루언서 검색 지원 결과 안내드립니다.	🔍 ⤢
N	인플루언서 검색	인플루언서 검색 지원 결과 안내드립니다.	🔍 ⤢
N	인플루언서 검색	인플루언서 검색 지원 결과 안내드립니다.	🔍 ⤢

NAVER

인플루언서 검색에
함께하게 되신것을 진심으로 환영합니다

안녕하세요.
창작자 중심의 새로운 검색, 인플루언서 검색입니다.
인플루언서 검색의 창작자가 되신 것을 축하드리며, 앞으로 활발한 활동 기대하겠습니다.
첨부드린 안내서를 참고하여 홈을 개설하고 키워드챌린지에 참여해보세요.

고 합니다. 일 방문자 수가 겨우 백여 명이던 저에게도 가능성이
있다고 생각했어요.

1. 서평 개수가 300개 정도일 때 지원을 했습니다. 서평 개수도 정해진 것은 없습니다. 어떤 분은 100여 개일 때 지원해서 되었다는 이야기도 들었어요. 다만 블로그에 올린 전체 글 중에 내 전문 분야(서평)의 글 비중이 얼마나 되는지는 봐야 할 것 같습니다.
2. 지원 기간(약 3개월)에는 가능한 한 서평만 썼어요. 전문성을 보여줄 필요가 있어서 일상 글이나 다른 분들 포스팅을 공유하는 것도 자제했고요. 거의 하루에 한 개씩, 혹은 이틀에 한 개씩은 서평을 올렸습니다.
3. 이웃 수가 최소 천 명 이상이면 좋다고 합니다.
4. 전문성을 보여주는 것이 중요하다고 해서, PC상에 보여지는 첫 화면에 책 사진들이 일관성 있게 보여지도록 했습니다. '책 읽고 서평 쓰는 사람'이구나 하는 걸 누구나 알 수 있도록요.

결론! 꾸준히 책을 읽고 기록으로 남기기만 해도 도서 인플루언서에 충분히 도전할 수 있습니다. 좋아하는 책을 읽고 서평을 썼을 뿐인데, 전문가라는 기분 좋은 호칭이 붙는 건 덤이고요. 책 읽고 기록을 남기는 데 진심인 분이라면 꼭 도전해보세요.

노자와 장자에 기대어, 최진석
의 자전적 철학 이야기

2023. 1. 23. 💬 1

부동산 변곡점이 왔다, 삼토
시, 서울 아파트 재진입 기회
는 언제?

2023. 1. 15. 💬 1

미라클 모닝의 힘, 김프리, 꾸
준한 1시간의 힘

2023. 1. 14. 💬 3

초등 겨울방학 경주 여행 준비
하기, 같이 봐두면 좋을 책

2023. 1. 11. 💬 6

영화를 빨리 감기로 보는 사람
들, 이나다 도요시, 콘텐츠도
가성비 시...

2023. 1. 8. 💬 2

요즘 핫한 책, 이 책은 돈 버는
법에 관한 이야기

2023. 1. 5. 💬 5

하루 10분 100일의 영어 필
사, 위혜정, 추천하고 싶은 매
일 10...

2023. 1. 2. 💬 1

돈, 뜨겁게 사랑하고 차갑게
다루어라, 우량주를 산 후 수
면제를 먹고...

2022. 12. 26. 💬 6

삶으로 다시 떠오르기, 에고
없이 지금 이 순간의 나로 살
아가기

2022. 12. 23. 💬 8

나무 로봇과 통나무 공주, 한
아이를 키우는데 온 마을이 필
요하다는걸...

2022. 12. 12. 💬 0

무기력을 날려버린 엄마의 아
(주) 작(은) 습관, 그것도 습관
입니까?

2022. 11. 28. 💬 3

그림책 테라피가 뭐길래, 오카
다 다쓰노부

2022. 11. 18. 💬 9

쓰는지'에 대해서는 알려주지 않더군요. 초등학교를
없었지 싶습니다. 공짜로 받은 책의 서평을 시작으로
지만 반복하다 보니 어떤 구성으로 써야 할지 감이 오
은 등장인물 소개를 해줘야 사람들이 무슨 이야긴지 이

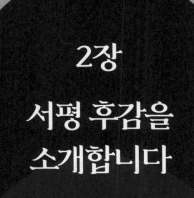

2장

서평 후감을
소개합니다

사 혹은 카페에서는 서평단 책을 주면서도 '서평을 어떻
로론 우리가 쓴 독후감 내지는 서평을 제대로 봐준 사람
을 읽고 기록으로 남겼습니다. 처음엔 어떻게 쓸지 막막
문장 쓰기가 막막하면 이렇게 하면 되겠구나.' '소설 서
다.' '경제경영서엔 목차에 중요한 키워드가 다 들어가 있

01.

서평이랑 독후감이
그렇게 달라요?

서평에 관한 이야기가 나오면 빠지지 않고 나오는 질문이 있습니다.

"서평이랑 독후감이랑 어떻게 달라요?"

"내가 쓰는 글은 서평인가요? 독후감인가요?"

서평은 '정보를 주는데' 독후감은 '감상을 쓰는데' 차이가 있다

서평(書評)은 한자 그대로 '글을 평가한다'는 의미입니다. '평가'란 '가치를 평하는 일'이지요. 그러니 서평은 책의 가치를 평가하는 작업을 말합니다. 이 '평가'가 독후감과 서평의 차이를 가릅니다.

그렇다면, 서평에는 어떤 내용이 들어가야 할까요?

- 책과 저자 소개

- 책의 핵심 키워드 소개

- 저자의 의도

- 책에 대한 비평

서평은 '책을 소개할 목적'으로 쓰는 글이기에 객관적인 정보를 주는 데 충실합니다. 책을 출간한 저자의 의도가 무엇인지 책에서 강조하는 키워드가 무엇인지 설명합니다. 또한 그 키워드 설명을 논리적으로 하는지 '평가 및 비판'을 해야 합니다.

기본적으로 서평은 책을 꼼꼼하게 읽고 전체적인 흐름을 이해하지 않으면 쓰기 어렵습니다. 본인이 이해하지도 못한 책을 비평할 수는 없기 때문입니다. 따라서 서평을 쓰기 전에 나의 독해력이 어느 정도 되는지 확인하는 작업도 필수입니다. 책 내용의 70% 이상은 이해해야 서평이 가능하다고 볼 수 있습니다.

독후감은 독서 후 나의 감상이 주된 목적이다

독후감은 초등학교 다닐 때도 많이 써봤지요? 독후감에는 보통 이런 내용들을 씁니다.

- 읽게 된 계기
- 줄거리 요약
- 책을 읽은 감상, 인상적이었던 장면

서평과 독후감은 쓰는 목적부터 다릅니다.

책에 대한 객관적인 정보를 주기 위해 적는 서평과 달리 독후감은 책을 읽은 나의 감상을 적는 데 목적이 있습니다. 나의 '감상'과 '읽은 계기'가 주요 내용이기에 책을 정독하거나 다 읽지 않아도 적을 수 있지요. 책의 딱 한 단락에 꽂혀도 독후감 한 편을 쓸 수 있어요.

그럼 독후감은
서평보다 수준 낮은 글인가?

글쓰기 강사들은 독후감과 서평의 차이점을 비교하며 이런 결론을 내립니다.

'우리는 독후감이 아닌 서평을 써야 한다.'

'개인적인 글쓰기에서 벗어나 객관적인 정보와 비판적인 시각이 들어간 글을 써야 한다.'

그런데 여러분, 한번 생각해보세요. 유명한 평론가가 적은 이해하기도 쉽지 않은 서평과 내 블로그 이웃이 개인적인 경험과 적용점을 담아 쓴 독후감 중에 어떤 글이 더 재밌고 유익하던가요? 현학적인 문체와 비유적인 표현을 쓰는 평론가의 글에 감동이 있던가요? 그런 글을 수백 편 읽고 내 삶에 변화가 생기던가요?

글은 투박하지만 책을 읽고 결심하며 적용점을 담은 독후감이 저는 훨씬 와 닿더군요. 아무리 객관적으로 잘 쓴 글이라 해도 내 삶에 아무런 영향도 주지 않는 글은 의미가 없습니다. 글로서 존재하는 글은 반대합니다.

- 책에 대한 객관적인 정보를 담되,

- 개인적인 적용점과 경험을 담은 글

- 객관적인 정보와 주관적인 관점, 깨달음이 담긴 글

저는 그 글을 서평 후감이라고 부릅니다.

◆ **서평(書評)** : 책에 대한 평가와 더불어

◆ **후감(後感)** : 책을 읽은 후 감상을 적는 글입니다.

서평 후감은 서평과 독후감의 중간이라고도 볼 수 있습니다.
이제 서평 후감을 좀 더 자세히 풀어보겠습니다.

★☆★ 요약정리

1. 서평과 독후감의 차이 : 서평은 책을 평가하고 정보를 주는 글이며, 독후감은 책을 읽은 후 나의 소감을 적은 글입니다.

2. 서평 후감 : 책을 읽는 목적이 삶의 변화를 위함이라면 책에 대한 정보와 더불어 개인 적용점도 같이 적습니다. 독서를 위한 독서는 하지 않으며, 글을 위한 글은 쓰지 않습니다.

02.

서평 후감은
이렇게 씁니다

서평 후감을 어떻게 쓰면 좋을까요?

서평, 책의 객관적인 정보를 주는 글을 앞쪽에 배치하며,

후감, 책을 읽고 느낀 점 및 적용점을 뒤에 배치하는 구조로

글을 씁니다.

서평, 책을 평가하다

4장에서 자세히 다루겠지만 서평에는 다음 내용을 담습니다.

- **저자 소개** : 저자의 이력, 다른 저서가 있는지 등의 정보

- **저자의 의도** : 책을 쓴 의도, 책 전반에 걸쳐 강조하고 있는 중요한 내용

- **내용 요약** : 핵심 키워드로 제시된 내용을 요약하여 정리

- **평가하기** : 아래 내용을 근거로 평가

  1) 저자가 의도하고자 하는 내용이 논리적으로 담겨 있는지

2) 핵심 키워드와 그 예시가 맥락에 맞게 전개가 되고 있는지

3) 그 책을 쓴 저자의 이력과 전문성이 뒷받침 되는 글인지

4) 이 책을 추천하고 싶은 이유가 있는지

서평은 책을 소개하는 글이며, 제3자로 하여금 '이 책을 읽을 것인가, 읽지 않을 것인가' 선별할 수 있는 정보를 주는 글입니다.

후감, 개인적인 적용점이 있어야 진짜 책 읽기

서평에서 객관적인 정보와 평가에 관한 내용을 적었다면, 후감에선 주관적인 느낌과 적용점을 적습니다.

- **읽게 된 계기** : 이 책을 왜 읽게 되었는지에 대한 내용입니다. 개인적인 이야기로 서두를 시작하는 대신 책의 객관적인 정보를 담고 싶다면 이 책이 나오게 된 배경 혹은 저자에 대한 소개로 서두를 열어도 좋습니다.

- **개인적으로 와 닿은 부분** : 책을 읽다 보면 개개인이 와 닿는 구절이 전부 다

서평 쉽게 쓰는 법

릅니다. 각자의 경험치와 가치관이 다르기 때문이겠죠. 나는 책의 어떤 내용에 유난히 공감이 되었는지, 혹은 반감이 들었는지 살펴보세요.

- **적용하고 싶은 점** : 서평 후감에서 무엇보다 중요하다고 생각하는 부분입니다. 책을 읽고 개인적으로 어떤 점을 적용할 건가요? 책을 읽기 전후의 나는 어떻게 바뀌었나요?

저는 읽기를 위한 읽기, 글을 위한 글은 반대합니다. 책과 글이 삶과 앎에 영향을 주지 않는 단순 교양 쌓기에 그치길 원치 않습니다.

서평 후감을 구조화 해본다면, 이렇게 적을 수 있겠네요.

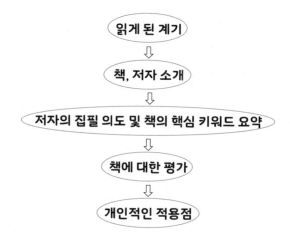

03.

거대 담론 대신
나의 이야기를 씁니다

어렸을 땐 유려한 문장을 쓰고 세밀한 묘사를 잘하는 작가의 글이 좋았습니다. 그런 기법을 배우고 싶어 문장을 필사한 적도 있었고요.

어느 순간 책상머리 앞에서만 글을 쓴 '책상형 작가'와 몸으로 배우며 글을 쓰는 '생활형 작가'를 구분하게 되더군요. 글 안에서만 존재하는 글을 경계하게 되었고요.

거대 담론은 중요하고 당장 이번 달 우리집 생활비 문제는 중요하지 않던가요? 당장 내일 출근해서 올려야 할 보고서, 아이의 학원 선택 문제는 중요하지 않던가요? 아니요, 모두 중요합니다.

내 삶이 바뀌는 순간은 새로운 대통령이 선출되어 집권 여당이 바뀌어서가 아니고, 미 연준 의장이 빅스텝을 단행했을 때도 아닙니다. 내 몸을 움직여 작게라도 실천하기로 결정했을 때 일어납니다. 나의 선택권과 영향력 안에서 글을 씁니다.

아픈 아이로 태어나 꾸준히 또래 아이들보다 늦되었던 저희 아이는 다섯 살에야 기관 생활을 시작했는데요. 여섯 살에 다른 아이들처럼 유치원에 보낼지 어린이집에 좀 더 보낼지 고민하고 있을 때 어린이집 원장 선생님에게 이런 이야기를 들었어요.

"아직 선생님의 손길이 많이 필요해요. 목소리도 너무 작아서 한 번 더 물어야 하고, 발음도 불분명한 탓에 말을 제대로 알아들으려면 선생님들이 더 주의 깊게 관심을 가져야 하는 아이에요."

이어 비수가 되어 꽂힌 한마디.

"늦된 아이가 정히 마음에 걸리시면 학교 입학할 때 일년 유예시키는 방법도 있어요."

입학 유예라니, 단 한 번도 생각해보지 않은 문제였어요. 심란한 마음으로 김미경 작가의 《엄마의 자존감 공부》라는 책을 폈습니다. 표지를 보는 순간 눈물부터 나왔습니다. 부제가 '천 번을 미안해도 나는 엄마다'였거든요.

김미경 작가의 아들은 어렵게 들어간 예고를 자퇴하겠다고 폭탄 선언을 합니다. 보통의 엄마라면 길길이 날뛰었겠죠. 아이 인생에 오점을 남기는 일이니까요.

서평 쉽게 쓰는 법

그런데 김미경 작가도 내공이 보통인 분은 아니잖아요. 아이의 자존감이 지하까지 떨어졌을 때 엄마가 높은 곳에서 내려보며 잔소리를 퍼붓는 대신 같이 지하로 내려가 아들과 눈높이를 맞춥니다. 육아는 한 생명을 키우는 일이지 20년 만에 끝나는 프로젝트가 아니라면서요.

이 책을 읽고 블로그에 서평을 남기면서 이렇게 덧붙였어요.

이제 겨우 다섯 살 된 아이 하나 키우면서 왜 이리 걱정이 많을까. 여덟 살에 모든 인생이 결정나는 것도 아닌데. 백세 인생이라면 조금 늦으나 빠르나 뭐 그리 대수라고.
아이는 나에게 성과를 보이려 태어난 존재가 아니라 저 나름의 꽃을 피우기 위해 온 사람이란 걸 잊지 말자. 내 예상보다 조금 더 천천히 필 수도 있지만 믿고 기다려주자. 아이의 속도를 인정하자. 있는 그대로 아이를 봐주자.

서평으로 제3의 독자에게 책을 소개하는 한편, 후감을 통해 개인적인 적용점과 경험도 같이 나눕니다. 그리고 책의 객관적인 정보만 나눌 때보다 내 경험을 이렇게 솔직하게 나눌 때 더 활발한 소통도 이루어집니다.

이 글을 적고 나서 많은 이웃분들이 댓글을 달아주셨어요.
어떤 분은 실제로 초등학교 입학을 유예한 사례들이 생각보다 많기에, 꼭 부정적으로 생각하지는 말란 조언도 해주셨고요. 또 다른 분은 아이의 자퇴를 견딜 수 있는 능력이 엄마의 내공이라면 평생 본인에게 그런 내공은 안 올 것 같다는 댓글을 주신 분도 있었어요. 실제로 아이 교육에 많은 정성을 들이셨던 분이라 그 댓글도 십분 이해가 되었습니다.

서평에 객관적인 정보만을 담아야 한다고 주장하는 분들께는 개인적인 경험과 적용점을 덧붙이란 이야기가 불편하게 들릴 수도 있겠습니다.
그러나 제가 생각하는 서평 후감의 장점은 이렇습니다.

- 독자에게 객관적인 정보를 제공하고
- 그 정보로 인해 독자가 책을 읽을지 여부를 결정하는 단서를 주며

- 적용점을 통해 자신을 돌아볼 수 있다는 점입니다.
- 공개된 SNS를 이용한다면 다른 관점을 가진 분들과 다양한 소통이 가능하다는 장점도 있습니다.

실제로 '저 책을 읽어야겠다'는 결심은 책의 객관적인 정보보다는 서평자의 적용에서 흥미로운 점을 발견하여 읽기로 한 경우가 많습니다.

당신도 서평 후감을 써보시기를 권합니다.

Episode

글쓰기가 혜진씨를 살렸네요!

저는 기록에 관심이 많습니다. 관심을 넘어 약간의 강박증도 있습니다. 조금 부끄럽지만 사주 사건을 계기로 저는 글 쓰는 사람으로서의 정체성이 강화되었어요. 기독교 신자지만 종교적 신념보다는 점쟁이를 만나는 게 무서워서 마흔 살까지 타로점 한 번 본 적이 없었어요.

마흔 직전 비장한 각오나 큰 어려움 없이 첫 책이 나왔고, 여전히 유명해지진 않았지만 부지런히 읽고 쓰기는 저의 자존심이자 자부심이었습니다. 그리고 마흔 넘어 시작한 돈 공부 덕에 우주를 배회하던 현실 감각도 자본주의에 조금씩 순응해가는 중이었고요. 읽고 쓰는 기본 정체성과 스스로 돈을 벌고 굴리는 사람이라는 자신감은 저의 든든한 무게중심이 되어주었습니다.

아픈 아이를 낳고 힘들다는 감정도 사치처럼 느껴진 시간들. 그 시간을 버티기 위해 책에 빠지고 글을 쓰고 다시 돈 공부에 집중하기까지의 과정. 이후로 나는 어떤 모습으로 흘러갈까?

문득 이 흐름이 궁금하다는 생각이 들었고, 마흔이 넘어 처음으로 사주란 걸 보게 됐어요.

양력 1980년 2월 20일생, 오전 6시 출생.

출생일, 출생시를 대고는 긴장되는 마음으로 무슨 말을 해줄지 기다렸어요. 표지가 너덜너덜한 거부할 수 없는 운명의 기운으로 가득한 사주 책을 펼쳐볼 줄 알았는데, 웬걸? 요즘은 스마트폰 어플로 사주를 보더라고요.

사주를 봐주시는 분이 배 나온 평범한 옆집 아저씨 인상이라 살짝 김이 빠졌고, 핸드폰을 꺼내며 사주 어플을 돌리는 걸 보면서 한 번 더 김이 빠지려는 때,

"7~8년 전에 무슨 일이 있었나요?
마음 고생 많이 하셨네요."

쿵. 내 마음이 무너지는 소리.

결혼한 지 5년만에 어렵게 와준 아이의 폐가 제대로 기능하지 않아 계속 배에 물이 찬다는 말을 들었던 때. 대학병원 전문의에게 '지금 꺼내도 못 버틸 거고, 그냥 뱃속에 둔 데도 못 버틸 테지만 양자택일하란 말을 들었던 때' '가족 외에 아이 상태를 누구에게도 알리지 않고, 외로움을 나눌 이가 없던 때' '결국 기적처럼 아이를 만났지만 산후조리는커녕 3개월 가까이 신생아 중환자실로 매일 울면서 면회 다니던 때' '퇴원 후에도 병원을 집처럼 들락거리던 그때'가 오랜만에 생각나 사주를 보는 도중 울컥했습니다.

"아… 어떻게 아셨어요? 제 인생에서 가장 힘들었던 때에요. 정말… 돌아가고 싶지 않아요."

푸근한 인상의 점쟁이 아저씨가 웃으며 그러시대요.

"사주에 나와요. 그때가 삼재였고요."

"삼재가 뭐예요?"

"9년 주기로 돌아오는 힘든 시기에요. 2013~2015년까지 힘드

셨을 것 같아요. 무슨 일 있었나요?"

저는 아이를 어렵게 만나고 오랫동안 병원 생활을 했던 이야기를 짤막하게 건넸습니다.

"문서화, 글쓰기… 이런 게 본인이랑 잘 맞아요."

쿵. 내 마음이 두근거리는 소리.

"저 사실은 책을 두 권 냈는데, 둘 다 1쇄도 다 안 팔렸어요. 유명해지진 않았는데, 글 쓴다는 정체성은 저에게 커요."

"꾸준히 쓰세요. 지금까진 별로 글쓰기 덕을 보진 못했겠지만, 앞으론 그 덕분에 먹고 살걸요."

책을 냈지만 일상은 전혀 바뀌지 않았고 생활비를 벌기 위해 여전히 회사를 다니는데, '어딜 봐서 글쓰기로 먹고 살 수 있을지' 감은 잡히지 않았지만 점쟁이조차도 '글쓰는 나의 정체성 등짝'을 강하게 밀어준 것 같아 그의 신기를 그대로 믿고 싶더라고요.

눈을 반짝이는 찰나, 한마디 더 꺼내는 점쟁이 아저씨.

"글을 안 썼으면 지금 외국을 떠돌고 있었을 것 같아요. 글쓰기가 역마살을 막아줬네요."

이 아저씨, 포춘텔러가 아니고 스토리텔러더라고요. 거 너무 듣고 싶은 말만 해주는 거 아니오…? 입가에 살짝 미소가 지어지려는데, 스토리텔러 엉클의 쐐기 한 방.

"글쓰기가 혜진씨를 살렸네요."

(여러분, 포춘텔러 좌표 드려요…?)

상담을 마친 후 카페로 들어가 바로 다이어리를 꺼냈답니다.

가끔은 예기치 못한 곳, 생각지도 못했던 사람에게서 삶 전체를 지지 받는 느낌이 들기도 합니다. '글쓰기가 당신을 살렸다'는 이 말이 오래오래 나를 지킬 것 같습니다.

아아, 스토리텔러 능력을 겸비한 나의 포춘텔러 아저씨, 당신의 그 한마디가 나를 살렸습니다.

9년마다 돌아온다는 삼재가 올해부터 시작된다는 건 숨겨진 반전. 하지만 별로 두렵지 않습니다. 9년 전 삼재를 결국 잘 버틴 경험이 있고, 같이 이겨낸 가족이 여전히 함께 있으니까요.

"글쓰기가 혜진씨를 살렸네요."

이 한마디를 잊지 않고 수첩에 적어둡니다.

제가 강박증처럼 기록하는 이유입니다.

〈4월 9일〉

○○에서 사주 상담.

- 수기운과 목기운이 많은 사람
- 역마살을 글쓰기로 이겨낸 사람!
- 문서가 돈이 된다!
- 부족한 화기운을 보충하라!
  (화기운이란 나를 홍보하고 포장하고 마케팅하는 능력임)
- 나를 보기 좋게 포장하는 걸 나쁘게 생각하지 마라!

무엇보다 난 이 말을 영원히 못 잊을 것 같다.

"글쓰기가 혜진씨를 살렸네요."

글쓰기가 현실에서 도망가려는 혜진씨를 지켰네요.
글쓰기가 한없는 우울감으로 다이빙하려는 혜진씨를 지켜줬네요.
글쓰기가 내 욕심으로 아이를 키우려던 마음을 지켜줬네요.

나를 살리는 글쓰기에 대하여.

쓰는지 에 대해서는 알려주지 않더군요. 초등학교를
었었기 싶습니다. 공짜로 받은 책의 서평을 시작으로
지만 반복하다 보니 어떤 구성으로 써야 힐지 감이 오
론 등장인물 소개를 해줘야 사람들이 무슨 이야긴지

3장

예열하는
책 훑기

사 혹은 카페에서는 서평단 책을 주면서도 '서평을 어떻
후론 우리가 쓴 독후감 내지는 서평을 제대로 봐준 사람
을 읽고 기록으로 남겼습니다. 처음엔 어떻게 쓸지 막
문장 쓰기가 막막하면 이렇게 하면 되겠구나.' '소설
나.' '경제경영서엔 목차에 중요한 키워드가 다 들어가

01.

제목과 표지,
대충 보셨다고요?

책을 본격적으로 읽기 전에 꼭 해야 할 '예열 단계'가 있습니다. 바로 책 훑기 단계입니다.

책 훑기 단계에는 아래 사항을 살펴봅니다.

- 표지의 그림과 제목을 관찰합니다.
- 띠지의 문구를 확인합니다.
- 책 날개의 저자 정보를 꼼꼼하게 읽습니다.
- 본문 앞(2p 또는4p)이나 맨 뒤에 있는 서지 정보를 확인합니다.

책의 내용만큼 책의 제목과 표지는 중요합니다.

사람을 만날 때 첫 인상이 중요한 것처럼 책을 고를 때도 '훅 끌리는 제목과 매력적인 표지'에 눈길이 갑니다. 실제로 책의 제목과 표지는 판매를 높이는 중요한 요소가 되기도 합니다. 하지만 '훅 끌려 다니는' 대신, 출판사의 의도를 파악해봐야 합니다.

'왜 제목을 저렇게 지었을까?'

'표지는 왜 저런 디자인일까?'

책 한 권을 만들기 위해 출판사는 많은 공을 들입니다. 최종적으로 뽑은 제목에는 출판사 여러 관계자들의 고뇌와 고민이 담겨 있답니다. 우리도 그 제목을 보며 '어떤 내용이 적혀 있을지' 연상해보는 작업이 필요합니다.

표지엔 많은 것이 담겨 있다

2021년 에세이 분야의 대형 베스트셀러였던 《어린이라는 세계》라는 책을 같이 볼까요? 표지에 어른으로 추정되는 사람과 어린이들이 함께 그려져 있어요. 어라? 다들 책을 한 권씩 가지고 있는데 어쩐지 놀이처럼 책을 읽는 것 같네요. 《어린이라는 세계》라는 제목과 이 표지는 어떤 의미가 있을까 궁금해하며 책 날개의 저자 소개를 읽습니다.

저자 김소영은 어린이책 편집자로 일했고 현재는 어린이들을 대상으로 독서교실을 운영하고 있군요. '저자의 직업 상 어린이

《어린이라는 세계》책 표지
표지에서 느낌을 읽어봅니다.
아이들은 책을 들고 환한 얼굴로 놀고 있어요.
책과 놀이는 아이들의 세계를 키워갈 수 있는
커다란 무기일지도 모르겠습니다.

들과 항상 책을 읽겠구나. 책 읽기가 공부가 아닌 놀이처럼 즐기는 표지 분위기가 인상적이구나' 라고 유추해볼 수 있겠네요.

제목은
─────── 판매량에 압도적인 영향을 미친다

아주 기발한 제목이라고 생각되는 책을 예시로 들어볼까요?

《죽고 싶지만 떡볶이는 먹고 싶어》라는 책 제목을 처음 들었을 때 어떤 생각이 들었나요?

'우울증까지 겪고 있지는 않더라도 가끔 뭐하러 사나 싶은 생각이 들 때가 있지.'

'문득 그냥 죽고 싶다는 생각이 들 정도로 힘들지만, 그 와중에

떡볶이만큼은 포기하고 싶지 않은 그 마음, 뭐라고 콕 집어 말하긴 힘든데, 알 거 같아.'

실제로 이 책은 경도 우울증과 불안 장애를 겪고 있던 저자가 정신과에서 12주간 진료를 받은 기록을 적은 책입니다. 원래는 펀딩 사이트에서 독립 출판물로 나온 책이었는데, 소위 대박을 치면서 정식 출간이 되었죠.

저자인 백세희 작가도 인터뷰에서 솔직하게 이야기를 하더라고요. "제목이 절반 이상했다"라고요. 일단 제목에서 호기심을 갖게 했고, 정신과 전문의와의 상담 기록이라는 참신한 기획이 20~30대 여성의 관심을 크게 끈 요인이라고 하더군요. 이 책이 큰 인기를 얻은 이후로 '정신과 진료 기록'이라는 콘셉트로 유사한 책이 여러 권 나왔지만 이 책만큼 관심을 끌진 못했습니다.

2022년에 출간되어 자기계발서 장르에서 큰 인기를 끌고 있는 《역행자》라는 책 제목도 독특하지요? '역행'한다는 말이 '반대로 간다'는 뜻이니, '반대로 거슬러가는 사람'이라는 의미인가 보다, 어렴풋이 짐작을 하며 책을 펼쳐봅니다.

"주어진 운명 그대로 평범하게 살아가는 사람들을 순리자, 운명을 거스르는 능력을 가진 이들을 역행자라고 부른다" 라는 설명이 나와 있군요. 자, 그럼 5%에 해당되는 역행자가 되기 위해 난 뭘 해야 할까? 라고 질문하며 읽어볼 수 있는 거죠.

저자 자청(자수성가 청년의 줄임말)이 이미 유명 유튜버가 된 이후에 나온 책이라 출간 직후 베스트셀러가 되긴 했지만, 스무 살이 될 때까지 게임 중독자로 살다가 갑자기 자수성가 청년이 된 배경이 궁금해지는 책입니다.

▽ 1일 차 서평 연습 : 표지와 제목 잘 살펴보기

책 한 권을 가볍게 골라봅시다.
그 책을 다 읽을 때까지 매일 조금씩 서평 쓰기 연습을 해볼 겁니다.
오늘은 가볍게 훑어보기로 해요.

- 책의 제목과 표지의 전체적인 인상은 어땠나요?
- 띠지가 있다면 어떤 정보가 적혀 있는지 살펴봅시다.
- 책 날개를 펼쳐 저자 소개를 읽어봅시다.
- 서지 정보도 가볍게 읽어봅시다.

02.

저자는
뭐하는 사람인교?

거의 대부분의 책에는 책 날개에 저자 소개가 나와 있습니다.

의외로 독자들이 꼼꼼하게 살펴보지 않는 부분이지만, 저희가 앞으로 적을 서평에는 '저자 소개'도 중요한 정보 중의 하나이기에 책 날개의 저자 정보도 놓치지 않도록 합니다.

책 날개의 저자 소개도 꼼꼼하게!

제 책상 위에 있는 《회복탄력성》이라는 책을 펼쳐보겠습니다. 책 날개 부분에 김주환 교수의 정보가 적혀 있네요. 저자는 연세대 언론홍보영상학부 교수로 재직중이군요. 서울대 석박사 과정을 마치고 미국 대학에서도 석박사를 취득했다고 합니다. 저자의 저서 및 연구논문도 같이 적혀 있습니다. 이 책의 제목인 '회복탄

력성'이 무엇을 의미하는지 설명도 나와 있어요.

전체적으로 '이 책을 집필할 만한 전문성을 가졌구나'라는 신뢰를 주는 소개 글입니다.

또 다른 책《연필로 쓰기》라는 김훈 작가의 에세이도 펼쳐보겠습니다. 어라? 책 날개를 펼치니 겨우 세 줄이 적혀 있네요.

1948년 서울 출생.

2000년까지 여러 직장을 전전.

소설《공터에서》, 산문《라면을 끓이며》외 여럿.

김훈 작가님이야 워낙 유명하니 구구절절 길게 적을 필요가 없을지도 모르겠네요. 하지만 저희는 서평을 써야 하잖아요. 책에 제공된 저자 정보가 적을 땐 어떻게 할까요?

저자 정보가 책 날개에 없을 땐 검색을 해본다

책 날개 만으로 저자 정보가 부족할 땐 전 이렇게 검색해봅니다.

1. 네이버에서 책 제목을 넣고 검색하기

그럼 위에서 언급했던 《연필로 쓰기》를 검색해보겠습니다. 제목을 클릭하면 책 정보가 뜨고 책의 카테고리, 쪽수와 무게, 판형 정보, ISBN 및 출판사에서 작성한 책 소개 및 서평, 목차, 작가 소개가 기재되어 있습니다.

네이버 책 정보의 김훈 작가 소개 글은 무려 A4 한 장 분량이군요. 천천히 읽으며 서평에 녹여 넣을 만한 정보를 발췌해봅니다.

김훈 작가는 한국일보, 한겨레신문, 국민일보 등에서 기자 및 편집위원으로 오랫동안 일을 했습니다. 그의 적확한 단어 사용은 이 오랜 기자 시절의 경험에서 나오는구나 라고 유추해봅니다.

모 월간지와의 인터뷰에서는 이런 말을 했다고 해요.

"문학이 인간을 구원하고, 문학이 인간의 영혼을 인도한다는 이런 개소리를 하는 놈들은 다 죽어야 된다고 생각한다"라고요. 문학이 삶을 초월하려는 오만함에 대해 거칠게 말씀을 하시네요.

저자 소개 아래에는 저자의 다른 저서가 빼곡하게 적혀 있습니다. 네이버 책 소개 한 면에 저자 소개와 목차, 출판사 서평, 다른 저서 정보, 책을 읽은 독자들 리뷰까지 볼 수 있으니 유용합니다.

자, 그럼 서평에 이렇게 저자 소개를 넣어보는 건 어떨까요?

《연필로 쓰기》김훈 : 저자 소개 예시

대한민국에서 책 좀 읽는다는 사람 중에 김훈 작가를 모르는 사람은 없다.

사실 그는 전업 작가로 일하기 전 기자 생활을 오래 했다. 그 영향인지 해박한 문학 지식, 간결하고도 힘있는 문체와 적확한 단어의 사용이 단연 돋보이는 작가다.

한 월간지와의 인터뷰에서 '문학이 인간을 구원한다는 개소리를 하는 놈들은 다 죽어야 한다'는 과격한 말을 했을 만큼, 그의 작품들은 모호하고 관념적인 묘사를 배제하는 대신 현실 기반적이다.

이 책 외에 지리, 역사를 망라한 수작으로 평가받는 《자전거 여행》, 이순신 장군의 리더십을 재조명한 《칼의 노래》등 다수의 저서가 있다.

2. 저자의 인터뷰, 강연 후기 등의 기사 찾아보기

또 다른 예시를《내 문장이 그렇게 이상한가요?》(김정선, 유유출판사)라는 책으로 들어보겠습니다. 사실 책 날개 부분에 저자 소개가 자세히 되어 있지만 '저자를 개인적으로 좀 더 알고 싶다'는 생각이 들면, 찾아보는 사이트가 있습니다. 인터넷 서점 예스24에서 운영하는 '채널 예스'입니다. 채널 예스에는 저자 인터뷰 혹은 강연 후기 같은 정보가 가득합니다.

김정선 작가의 인터뷰가 실려 있어 읽어봤습니다.

(2019.5.23 책읽아웃 '글에 빠져들면 실수하는 거예요')

잡지 편집부에서 27년간 교정 보는 일을 하셨다고 하네요. 그 경력 덕분에《내 문장이 그렇게 이상한가요?》《동사의 맛》과 같은 책들을 쓸 수 있었고요. 건강 때문에 더 이상 교정일을 볼 수가 없어서 쉬고 있는데 출판사의 권유로《동사의 맛》을 쓰게 되었고, 지금은 전업 작가로 활동 중입니다.

사실《내 문장이 그렇게 이상한가요?》는 출판업계 혹은 번역 일을 하는 이들을 위해 쓴 책인데, 오히려 일반 독자에게 큰 사랑을 받았다고 해요. 당장 현업에서 써야 하는 보고서, 이메일, 하다 못해 SNS까지 글쓰기에서 자유로운 사람은 드무니까요.

어렸을 때부터 '소년소녀 세계 문학 전집 반복해서 읽기'가 놀이였다는군요. 어렸을 적 취미를 여전히 실천 중인지 2022년에 《세계 문학 전집을 읽고 있습니다》라는 책을 출간했습니다.

여러 정보를 나열했는데요, 내용을 추려서 저자 소개를 적어보겠습니다.

《내 문장이 그렇게 이상한가요?》 김정선 : 저자 소개 예시

저자 김정선은 잡지 편집부에서 교정일을 해왔다. 무려 30년간 말이다. 그 덕에 교정 숙수(熟手)라고 불릴 만한 전문가가 되었고, 그 경력을 살려 이 책을 내게 되었다.

대상 독자는 출판, 번역 업무를 하는 이들이었지만 의외로 회사나 학교에서 보고서와 이메일을 작성하고, SNS로 짧은 글을 쓰는 일반 독자에게 큰 사랑을 받았다고 한다. 그만큼 일상 글쓰기에 대한 관심이 큰 것이리라.

서평 쉽게 쓰는 법

저서로《동사의 맛》《끝내주는 맞춤법》《세계 문학 전집을 읽고 있습니다》등이 있다.

기억할 점!

나는 책을 이미 읽었기에 저자에 대해 어느 정도 알고 있지만, 내 서평을 읽는 사람은 저자에 대한 정보가 없다는 점을 전제로 소개 글을 쓰는 겁니다.

저자 소개 내용은

1) 간략하고 알기 쉽게, 2) 경력과 전문 분야가 나타날 수 있도록

이 두 가지만 기억하세요.

▽2일 차 서평 연습 : 저자 소개 요약하기

책 날개의 저자 소개를 집중해서 읽어봅시다.
저자 소개가 자세히 되어 있다면 3~4줄 정도로 요약하는 글을 써보고, 너무 짧다면 위의 예시처럼 네이버 책 정보, 저자 인터뷰 기사 등을 참고해서 써봅시다.

03.

띠지와 서지도
살펴보기

요즘은 띠지가 붙어 나오는 책도 많습니다. 하지만 띠지의 문구를 자세히 읽지 않고 책갈피 용도로 쓰거나 책 읽는데 걸리적거린다며 바로 버리는 분들도 있습니다. 심지어 띠지 혐오론자까지 있다고 해요! 특별한 기능도 없는데 뭐하러 나무에게 미안한 일을 하냐는 거죠.

띠지 문구 놓치지 말자

하지만 출판사 입장에서는 띠지만큼 유용한 마케팅 수단도 없답니다. 비용을 조금 들이고 충분히 광고 효과를 볼 수 있거든요.

수상 내역이 있다면 그 내용이 들어가기도 하고, 출판사에서 내세우고 싶은 강력한 책 속 한 문장이 들어가기도 합니다. 띠지를 바로 버리는 대신 '출판사의 마케팅 포인트'를 유심히 살펴보기로 합시다.

서지 정보도 놓치지 말자

서지 정보 역시 많은 독자들이 잘 살펴보지 않고 넘기는 부분입니다. 서지 정보는 책의 앞 부분(본문이 시작하기 전 2p 또는 4p) 혹은 맨 뒤 페이지에 있습니다.

서지 정보에는 다음과 같은 내용들이 들어 있습니다.

- 초판 인쇄 및 발행일
- 중쇄 발행일
- 지은이 및 발행인, 출판사 정보
- ISBN (국제표준도서번호)

먼저 초판 발행일 및 중쇄 발행 이력이 있는지 살펴봅니다. 트렌드를 따르는 재테크서가 발간된 지 너무 오래되었다면 현 상황과 맞지 않을 수 있겠죠. 또한 중쇄 정보를 살펴보면 대중적으로도 사람들에게 많이 읽힌 책인지 가늠할 수 있습니다.

띠지나 서지에 있는 정보는 가볍게 살펴보는 정도로 넘어가도 좋습니다. 10쇄 이상 찍은 책이라면 대중적으로 큰 인기를 끈 책이라는 사실을 살짝 언급해줘도 좋겠죠.

▽ 3일 차 서평 연습 : 띠지와 서지 정보 확인하기

내가 읽고 있는 책에 띠지가 있다면
어떤 문구가 적혀 있는지 살펴봅시다.
- 수상 내역 혹은 저자의 경력에 관한 기술 등
- 출판사에서 내세우고 싶어 하는 어떤 내용이 적혀 있나요?

서지 정보도 한번 살펴봅시다.

04.

막막할 땐
첫 문장을 이렇게 씁니다

어떤 글이나 첫 문장 쓰기가 어렵습니다. 빈 화면 위로 커서만 깜빡이고 있을 때 그 초조함, 막막함은 경험한 사람만 알죠.

첫 문장의 역할은 두 번째 문장을 읽게 만드는 것이라는 말이 있을 만큼, 강력한 첫 문장은 글을 계속 읽게 하는 힘이 있습니다.

다음은 서평을 쓸 때 제가 이용하는 방법입니다.

표지를 묘사하는 글로 시작한다

다음에 소개하는 책은 니콜라이 고골의 《외투》라는 단편 소설입니다. 왼쪽 표지(문학동네)는 커다란 외투와 왜소한 몸집의 남자가 보입니다. 그런데 분위기가 기묘하죠? 남자가 외투를 입은 게 아니고 외투가 남자를 삼킨 것처럼 보이니까요.

다른 출판사(민음사)에서 나온 오른쪽의 책 표지엔 아예 사람의 얼굴이 보이지 않는군요. 위풍당당한 외투만 존재하고요. 그나마 코의 형상이 있어서 사람이 있다는 걸 유추할 수 있을 뿐입니다. 얼굴이 있어야 할 자리의 동그라미는 어떤 의미일까요?

(왼쪽) 문학동네 출간. 외투가 남자를 집어삼킨 것 같습니다.
(오른쪽) 민음사 출간. 외투만 있고, 사람 얼굴이 보이지 않네요.

저는 문학동네에서 나온《외투》의 표지를 보고 서평의 첫 문장을 이렇게 적어보았습니다.

대한민국의 상징적 외투, 아파트를 떠올리다

－《외투》니콜라이 고골, 문학동네

이 책의 표지에는 허공에 붕 뜬 것처럼 보이는 외투가 그려져 있다. 마른 체형에 머리숱이 적고 눈이 퀭한 남자는 외투를 입은 것이 아니라 흡사 외투에게 삼켜진 듯한 느낌이다. 외투의 사전적 의미는 추위를 막기 위하여 겉옷 위에 입는 옷이다. 외투가 존재하는 목적은 단순하고도 명료하다. 그러나 추위를 막아주는 본래의 목적을 넘어 외투가 삶의 목적이 되었을 때의 비극적인 상황을 이 책은 그려내고 있다.

첫 문장을 어떻게 쓸지 막막했다면 이렇게 표지를 묘사하는 방법으로 시작할 수 있겠죠?

제목의 의미를 해석하며 시작한다

줄리언 반스의 맨부커상 수상작으로도 유명한 《예감은 틀리지 않는다》라는 소설이 있지요. 원제는 《The Sense of an Ending》입니다. 직역하자면 '결말의 예감'이라고 말할 수 있겠네요.

출판사에선 번역서 제목을 짓는 데 꽤나 고심한 것 같습니다. 반의적인 해석을 위해 원작과는 다르게 《예감은 틀리지 않는다》로 지었다고 하는군요. 실제로 독서모임 때 제목에 관한 발제가 많은 책이기도 하고요.

책 제목으로 서평의 첫 문장을 적어보았습니다.

기억의 편향성, 누구나 토니가 될 수 있다

- 《예감은 틀리지 않는다》 줄리언 반스, 다산책방

이 책의 원제는 《The Sense of an Ending》이다. 직역하면 결말의 예감 정도가 되겠다. 아이러니하게도 번역서의 제목은 《예감은 틀리지 않는다》이다. 얼핏 보면 완전히 다른 의미가 되어버리는데, 주인공인 토니와 베로니카를 각각의 제목에 대입시켜 보면 절묘하게 상황에 맞는다. 저주와 회한이 담긴 끔직한 편지가 아닌, 쿨한 편지를 썼다고 기억하는 토니 입장에선 '결말을 예감'하지 못했고, 베로니카 입장에선 '역시나 예감에서 벗어나지 않는 멍청한 토니'였을 뿐이었으니까. 토니를 보며 기억의 편향성이란 얼마나 무서운가 생각한다. 인간은 믿고 싶은 대로 기억을 조작할 수 있는 능력까지 가졌기 때문이다.

글의 서두를 열기가 너무 막막할 땐 '표지를 묘사하듯' '제목을 풀어보듯' 쓰는 방법도 있다는 걸 참고해 주세요.

서평 쉽게 쓰는 법

▽ 4일 차 서평 연습 : 첫 문장 써보기 연습

읽고 있는 책의 서평 첫 문장을 써봅시다.
표지를 묘사하거나 제목을 풀어 쓰는 방법으로 한번 써보세요.

- 출판사에서는 그 책의 제목을 왜 그렇게 지었을까요?
- 표지엔 왜 그런 그림을 넣었을까요?

적지 않은 돈과 시간을 들여 만들어낸 작품이니 분명 숨은 의미가 있을
겁니다. 그걸 찾아내어 글로 풀어내는 연습을 자주 해봅시다.

★☆★ 요약정리

1. 책 읽기는 제목, 표지, 띠지, 서지를 살펴보는 것에서부터 시작됩니다.
2. 서평에 저자 정보는 꼭 넣어줍니다. 책 날개에 기재된 저자 소개 내용이 거
   의 없다면 네이버 책 정보와 YES24 채널 예스를 활용해봅시다.

게 쓰는지'에 대해서는 알려주지 않더군요. 초동학교를

□ 없었기 십습니다. 공짜로 받은 책의 서평을 기자으로

 K지만 반복하다 보니 어떤 구성으로 써야 할지 감이 오

 은 등장인물 소개를 해줘야 사람들이 무슨 이야긴지

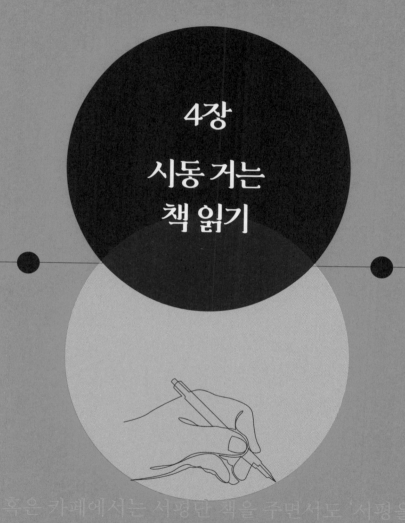

4장
시동 거는
책 읽기

사 혹은 카페에서는 서평단 책을 주면서도 '서평을 어
후론 우리가 쓴 독후감 내지는 서평을 제대로 봐준 사
을 읽고 기록으로 남겼습니다. 처음엔 어떻게 쓸지 막
문장 쓰기가 막막하면 이렇게 하면 되겠구나.' 소설 보
나.' '경제경영서엔 목차에 중요한 키워드가 다 들어가

01.

목차와 서문에
키워드가 있다!

성격 급한 분들은 표지와 제목을 대충 훑어보고 목차, 서문도 귀찮아서 건너뛰고 이미 본문을 읽고 계실지도 모르겠어요.

저는 두 가지 경우에 목차와 서문을 건너뛰고 싶더라고요.

첫 번째는 책 내용이 너무 궁금해서 작가 소개고 뭐고 빨리 읽고 싶은 경우인데요, 보통 기다렸던 작가의 소설을 읽을 때 그래요. 소설은 딱히 목차나 서문이 없는 경우도 많으니 특별히 문제되진 않지만요.

두 번째는 내 수준을 넘어서는 어려운 책을 읽을 때 그렇습니다. 읽기의 수준을 한 단계 끌어올리고 싶어 도전한 책인데 서문부터 막히면 '건너뛰고 본문으로 넘어가고 싶은 유혹'을 느끼는 것 같습니다.

하지만 경제경영서를 비롯한 실용서는 목차와 서문을 공들여 읽어야 하는 장르랍니다.

목차에 핵심 키워드가 있다

비문학, 이른바 실용서라 불리는 경제경영서, 자기계발서 장르의 책을 읽을 때는 목차를 꼼꼼하게 살펴보아야 합니다. 그 목차에 저자가 말하고자 하는 핵심 키워드가 다 들어 있거든요.

이 목차를 활용해 우리가 읽기 단계에서 해야 할 일을 순서대로 나열해 보겠습니다.

1. 이런 키워드가 나오겠구나, 인식하는 단계

'아, 이 키워드를 앞세워 저자의 주장과 관련 사례, 근거가 나오겠구나' 라고 일단 인지하고 넘어가는 정도로 괜찮습니다.

2. 저자가 나열한 키워드, 주장, 사례 등이 논리적인가? 비평하는 단계

목차에 넣은 키워드대로 주장이 되고 있는지, 예시로 든 사례들이 적절한지 비평하며 읽는 단계입니다. 예시들을 이해하는데 급급하지 말고 '저자의 주장과 맞는 예시인가?' 의심하면서 읽어보세요.

서평 쉽게 쓰는 법

3. 핵심 키워드를 찾아라! 저자는 이 책을 왜 썼을까?

목차에서 저자가 여러 키워드를 나열했더라도 그 중에 '핵심 키워드'가 있을 거예요. 저자가 가장 중요하게 생각하는 걸 찾는 겁니다. '저자가 이 책을 왜 썼을까?'에 해당하는 한 단어 혹은 한 문장이 되겠죠.

자 그럼, 책 한 권을 예시로 들어 목차를 살펴보겠습니다.

코로나 바이러스 발발 이후 2030년까지의 경제 전망을 기술한 《2030 축의 전환》이라는 책입니다. 부제는 '새로운 부와 힘을 탄생시킬 8가지 거대한 물결'이고요. '축의 전환'이라는 제목은 출판사에서 번역 작업을 하며 붙인 것이고, 원제는 《2030 AD》입니다. 저자 마우로 기엔은 펜실베니아대 와튼스쿨 교수로 국제 비즈니스 전략 분야의 전문가입니다.

목차는 이렇게 구성되어 있습니다.

2030년, 새로운 부와 힘을 탄생시킬 8가지 키워드가 목차에서 보이지요? 출생률, 밀레니얼보다 더 관심을 가지고 봐야 할 세대 (여기선 실버 세대를 말하고 있습니다), 중산층, 여성, 도시, 과학기술, 공유 경제, (가상)화폐가 키워드구나, 라는 감을 잡을 수 있습니다.

이 키워드에 어떤 내용들이 담겨 있을까? 유추해보는 거죠. 저는 책을 읽기 전 '밀레니얼보다 중요한 세대' '더 강하고 부유한 여성들'이라는 키워드에 끌렸는데요.

선진국은 말할 것도 없이 개발도상국만 되어도 출생률이 뚝 떨어진다는 이야기를 들은 적이 있습니다. 1장에선 역시나 출산율 하락에 관한 이야기를 하는 걸까요? 그 뻔한 키워드에서 새로운 인사이트를 보여주는 걸까요?

미디어에선 MZ세대를 분석하느라 바쁩니다. 기성세대와 전혀 다른 세대라고, 이 시대를 이끌 새로운 세대의 탄생이라고도 하고요. MZ세대가 조명을 받는 동안, 실제로 경제력과 규모의 영향력을 갖췄음에도 주목받지 못했던 세대는 누구였을지 한번 고민해보자고요. 새로운 중산층이라니, 무슨 의미일까요? 중산층이 붕괴되어 양극화가 뚜렷해지고 있다는 기사를 자주 접하는데, 그 연장선일까요?

실용서의 경우 목차에서 저자가 말하고자 하는 '키워드'를 찾아보고 본격적으로 본문을 읽기 전 어떤 내용이 나올지 유추해보는 연습도 해보세요.

구성이 잘 짜인 책은
목차부터 좋다

책의 완성도만큼이나 출판사에서 공을 들이는 부분이 '책의 제목과 표지'라는 사실은 앞 장에서 이해하셨죠? 그럼 저자가 책을 쓰기 전 가장 공들이는 단계는 무엇일까요? 바로 목차입니다. 목차는 책의 설계도와 같아서 잘못 세워지면 저자의 주장과 논리가 명확한 글이 나오기 어렵겠죠. 설계가 잘못된 집이라면 아무리 좋은 자재를 썼어도 부실한 집일 테니까요.

사실 목차 짜기는 쉬운 작업이 아닙니다. 예비 작가들은 이 작업을 어려워해서 큰돈을 지불하고 목차를 의뢰하기도 합니다. 하지만 목차를 짜는 연습을 하거나 책의 전체적인 구성을 살펴보는 데 유용한 방법이 있답니다. 바로 다른 책의 목차를 필사해보는 겁니다.

꾸준히 목차를 필사하다 보면 '돋보이는 목차 구성'은 이렇게 하는구나 싶은 감이 올 겁니다.

서평 쉽게 쓰는 법

서문(프롤로그)을
건너뛰지 마라

앞서 예시로 들었던 《2030 축의 전환》이라는 책으로 다시 돌아와볼까요? 한국어판 서문 뒤로 7장 분량의 긴 서문이 나옵니다.

'시간은 우리를 기다려주지 않는다'라는 제목으로 시작하는 이 서문은 2030년, 케냐인이 이민자의 눈으로 본 영국에 대한 묘사, 블록체인 기술이 바꾼 일상으로 포문을 엽니다. 그리고 목차에 나오는 키워드를 중심으로 이야기를 풀어갑니다. 2030년에는 최고로 높은 인구밀도를 기록할 지역이 중국이 포함된 동아시아가 아니라 아프리카 지역이 될 것이라는 전망과 인구 비율로 보나 부의 소유로 보나 가장 영향력 있는 소비 집단은 MZ가 아닌 실버 세대가 된다고 합니다. 서문을 집중해서 잘 읽기만 해도 저자가 강조하는 2030년 변화의 전환점이 될 '중요 키워드'를 알 수 있게 됩니다. 책 한 권이 이 서문에 압축되어 있다고 해도 무리가 아닙니다.

문학작품의 경우 서문이 없거나 저자의 의견이 에필로그로 들어가는 경우도 있습니다. 하지만 비문학 장르의 책들은 서문에 중요 키워드를 담고 있다는 점 잊지 마세요. 그러니 마음이 급하다고 대충 훑고 지나가버리면 안 되겠죠?

▽ 5일 차 서평 연습 : 목차 분석 & 서문 읽기

읽고 있는 책의 목차 페이지를 펴고 노트에 필사해 봅시다.
(타이핑도 OK!)
1. 각 챕터(큰 장) 별로 어떤 내용이 나올지 명확하게 표현되어 있나요?
2. 챕터 별 중요 키워드가 있다면 적어볼까요?
3. 책의 핵심 내용은 어느 챕터에 나오나요?

이번엔 서문을 꼼꼼하게 읽어봅니다.
1. 목차에서 표현된 키워드가 서문에 기술되어 있나요?
2. 서문만 읽어도 책 전체 내용이 연상이 되나요?

책과 저자의 권위에 굴복하지 마세요. 목차가 부실해서 무슨 내용이 나올지 연상이 되지 않을 수도 있고, 서문만 읽어선 책 내용이 가늠이 안될 수도 있습니다. 우리는 매의 눈으로 지켜보고 비평할 수 있는 객관적인 독자라는 점! 잊지 마세요.

02.

핵심 키워드를
찾아라!

앞서 표지를 묘사하며 예시로 들었던 책,《외투》를 다시 볼까요?

이 소설의 주인공 '아카키 아카키예비치'는 9급 문관으로, 관청에서 서류를 정서하는 필경사입니다. 일터에선 그가 언제부터 일했는지, 누가 임명했는지 아무도 알지 못합니다. 한마디로 존재감이 없는 거지요. 그런 사실에 아랑곳 않고 아카키는 문서를 베껴 쓰는 자신의 직무에 몰입할 뿐입니다. 자신이 좋아하는 글자를 발견하면 표정 관리가 안 되어 실실 웃음이 나올 만큼이요.

문제의 발단은 외투인데요, 외투가 낡을 만큼 낡아 더 이상 수선이 어렵다는 재봉사의 청천벽력 같은 선고를 받지요. 지독하게 가난했던 아카키는 두 달 넘게 저녁을 굶어 돈을 아껴가며 새 외투를 마련할 돈을 모읍니다. 드디어 새 외투를 입은 그는 동료의 파티에 초대를 받아 '완전히 다른 사람'이 되어 외출을 합니다.

여러 관점으로 읽을 수 있겠지만, 이 소설에서 저는 '허영심'을 키워드로 잡았습니다.

오로지 문서를 정서하는 업무 외에는 어떤 일에도 관심과 시간을 들이지 않던 아카키가 새로운 외투를 갖게 되는 순간 같은 사람인가 싶을 정도로 돌변하는 모습에 어리둥절해집니다.

새 외투가 그의 인생 목표가 되는 순간 그는 돈을 모으기 위해 놀랄 만한 몰입력을 발휘합니다. 저녁을 굶고, 촛불을 켜지 않고, 닳지 않도록 조심스레 속옷까지 벗어두면서 말이죠. 우습게도 그는 새로운 외투를 떠올리며 정신적인 양식을 섭취한다고 생각했고, 그의 존재 자체가 더 완전해진 것 같은 신성함마저 느껴요. 정신 승리라고 할 수 있으려나요? 아카키 아카키예비치의 모습을 보노라면 "대체 무엇을 위한 외투인가?"라는 질문을 하고 싶어지는 거죠.

가치관에 따라 의견은 달리할 수 있겠습니다만 허영심이라는

서평 쉽게 쓰는 법

단어를 떠올렸을 때 전 대한민국의 주거지, 아파트가 먼저 생각이 났어요.

자 그럼, 허영심이라는 키워드로 머릿속 시뮬레이션을 가동해 보겠습니다.

제목 : 외투

주제 : 대한민국의 외투, 아파트를 떠올리다

키워드 : 허영심, 과시욕

첫 문장 쓰기가 막막할 땐 표지를 묘사하듯 써보란 앞 장의 이야기도 기억하시죠?

그럼, 이 책으로 서평 예시를 들어보겠습니다.

대한민국의 상징적 외투, 아파트를 떠올리다

- 《외투》 니콜라이 고골, 문학동네

이 책의 표지에는 허공에 붕 뜬 것처럼 보이는 외투가 그려져 있다. 마른 체형에 머리숱이 적고 눈이 퀭한 남자는 외투를 입은 것이 아니라 흡사 외투에게 삼켜진 듯한 느낌이다.

외투의 사전적 의미는 추위를 막기 위하여 겉옷 위에 입는 옷이다. 외투가 존재하는 목적은 단순하고도 명료하다. 그러나 본래의 존재 목적을 넘어 삶의 목적이 되어버린 비극을 니콜라이 고골의 《외투》에서 보여준다.

아버지의 이름이 아카키였으니 아들 이름도 아카키가 된 평범하기 그지없는 이름, 아카키 아카키예비치. 그는 아무도 알아주지 않는 9급 문관이지만 서류를 정서하는 직무에 충실했던 사람이다. 아카키는 정서하는 일을 제외하고는 거리에서 일어나는 일도, 자신이 먹는 것도, 입는 것도 신경 쓰지 않았다. 더 이상 수선할 수도 없는 낡은 외투 대신 새로운 외투를 주문해야만 한다는 재봉사 페트로비치의 말을 듣기 전까지는 말이다.

새 외투는 돌연 아카키의 인생 목표가 되고 그것을 구입하기 위해 일상의 지출을 철저하게 줄여간다. 저녁을 굶고, 촛불을 켜지 않고, 닳지 않도록 조심스레 속옷까지 벗어두면서 말이다. 우습게도 그는 새로운 외투를 떠올리며 정신적인 양식을 섭취한다고 생각하였고, 그의 존재 자체가 더 완전해진 것 같은 신성함마저 느낀다.

아카키 아카키예비치의 모습을 보노라면 "대체 무엇을 위한 외투인가?" 라는 질문을 하고 싶어진다.

대체 무엇을 위한 주거 공간인가?

요 몇 년간 부동산 가격이 폭등한 탓에 자가 주택을 소유하지 않은 사람들은 느닷없이 '벼락 거지'라고 불렸다. 단순히 아파트 한 채 가지고 있던 사람들은 앉아서 수억 많게는 수십억씩 자산이 늘었으니 상대적 박탈감도 큰데 부동산을 소유하지 않았다는 이유로 원치 않는 주홍 글씨까지 붙여진 거다.

무리하게 대출을 받아 부동산을 산 영끌족이라 불리는 이들. 이들은 은행 빚을 갚기 위해 일상의 지출을 철저하게 줄여간다. 먹을 것을 줄이고, 입을 것을 아껴 은행 빚을 갚아나가는 대신 이 아파트는 나에게 남아 정신 승리의 보상이 되어준다. '결국 집값은 우상향할 테니까' 라고 되뇌며 말이다.

아카키 아카키예비치가 마침내 새 외투를 입은 장엄한 날, 그는 축제 기분을 느낀다. 몇 년 만에 밤거리를 외출하여 이전에는 눈길도 주지 않았을 그림 속의 여자를 찬찬히 살펴보고 미소를 짓기도 하고, 동료의 파티에 참석하기도 한다. 새 외투는 따뜻하기도 하거니와 전에 없던 자신감을 그에게 주었다. 새 외투로 인해 그는 마치 새로운 사람이 된 것처럼 보인다.

그러나 기쁨을 채 누리기도 전, 외투를 강도에게 강탈당한다. 아카키는 초소의 경관에게, 아파트의 노파에게, 경찰서장에게 그리고 마지막엔 고관에게 외투를 찾아달라고 간청하지만 불행하게도 외투는 찾지 못했고 그는 숨을 거두고 만다. 그의 집념은 유령이 되어 외투를 찾아다니기에 이른다.

외투는 대체 그의 무엇이었을까? 한때는 추위만 막아주면 되는 단순한 옷에 지나지 않았고, 한때는 그의 자신감이자 기쁨이었고, 마지막엔 그의 목숨을 가져가는 원흉이었다.

서평 쉽게 쓰는 법

"어디 살아요?" 라는 한 마디에는 많은 의미가 함축되어 있다. 인터넷을 떠도는 부동산 계급표엔 사는 지역에 따라 '왕족' '영의정' '양반' '첨지' '거상' '농민' '평민' '백정' '망나니' 따위로 나뉘어져 있다. 망나니에서 하다못해 평민쯤 되려면 대체 몇 번을 이사해야 하는 건가 쓴웃음이 나온다. 생전에 이룰 수 있는 일이긴 한 걸까.

"나 ○○에 살아" 라는 답변에는 "나의 자산이 어느 정도 되며, 평균 소득이 어느 정도 되는 곳에서 아이 교육은 어느 정도 시키며 거주하고 있어" 라는 말과 별반 다르지 않다. 지역의 서열화, 계급화는 이미 익숙해져 누구라도 "상급지에 가고 싶다"는 말을 서슴없이 하게 되었다.
우리가 사는 집은 언제부턴가 단순한 주거공간을 넘어서 자신의 부와 속한 계층을 과시하는 상징적 의미가 되었다.

죽어서까지 외투를 포기하지 않았던 주인공처럼 집을 향한 광기와 망령은 수그러들지 않는다. 부동산은 대한민국의 씁쓸한 현 주소를 보여주는 상징적 외투다.

서평 쓰기가 막막할 땐 책을 읽으면서 미리 서평으로 쓸 수 있을 소재를 수집합니다.

제가 추천하는 방법은 각 챕터(큰 장)마다 키워드를 뽑아놓고 문장을 요약해두는 겁니다.

서평 구조 상 본문을 요약할 필요가 있으니 이 작업을 미리 해두는 거지요. 한 챕터를 읽을 때마다 해당 챕터의 핵심 키워드를 단어로 적고, 그 밑에 두세 줄로 내용을 요약해보세요. 요약하는 연습을 자주 해두면 서평 쓸 때 큰 도움이 됩니다.

책을 읽다 보면 흐름을 끊지 않고 계속 읽고 싶은 욕심이 생길 거예요. 그걸 이겨내고 중간에 요약 연습을 하는 건 상당히 귀찮고 의지가 필요한 일이기도 하지만, '소재로 쓸 거리를 많이 남겨둬야' 서평 쓰기가 훨씬 수월하다는 점도 알아두세요.

▽ 6일 차 서평 연습 : 핵심 키워드 찾기

읽고 있는 책의 핵심 키워드를 찾아보고 요약하는 연습을 해봅시다.

- 책에서 강조해서 말하는 부분은 어디일까요?
- 이 책을 쓴 저자의 의도는 무엇일까요?
- 읽은 챕터의 핵심 키워드를 '한 단어'로 표현할 수 있을까요?

그 키워드에 나의 의견을 붙여 해석할 수 있을까요? 위의 예시에서 외투를 허영심, 대한민국의 아파트라고 확장해서 해석했던 것처럼요. 키워드를 찾고 요약하기에 그치지 않고 내 해석을 붙일 수 있다면 관점을 제시한 서평이 됩니다. 단순한 정보를 주는 글에서 좀 더 업그레이드 되는 거지요.

03.

저자는 만능 신이 아닙니다, 비평하기

비평의 사전적 의미는 '사물의 옳고 그름을 분석하여 가치를 논함'입니다. 비평이라고 하면 '옳지 않은 것을 따지는 글'이라는 인상을 주지만 '옳은 것' '옳지 않은 것' 양쪽을 적습니다. 서평에서 비평한다는 건 어떤 것일까요? 쉽게 말하자면 '책을 읽고 좋았던 점' '아쉬웠던 점'을 먼저 써보면 됩니다.

책에서 좋았던 점

저는 독서 에세이를 즐겨 읽는데요. 책 속의 책을 알게 되어 '또 다른 읽기 미션'을 잔뜩 얻는 것이 즐겁기 때문입니다.

한 독서 에세이를 읽고 좋았던 점을 이렇게 적어보았습니다.

관음증은 타인의 사적인 활동을 몰래 엿보는 변태성욕장애 중 하나다. 독서에도 관음증이 있다. 다른 사람은 무슨 책을 읽고 있는지 궁금해하고 엿보는 행위다.

이 책은 관음증 욕구를 자연스럽게 풀어준다. 나도 읽었던 책이지만 미처 발견하지 못했던 시각으로 이야기를 풀어줄 때 '새롭게 알게 되었다'는 앎의 만족을, 아직 읽지 못한 책이라면 '나도 읽고 싶다'는 지적 욕망을 주기 때문이다.

책에서 아쉬웠던 점

요즘 책쓰기에 관한 책이 많이 나오지요. 책쓰기는 저의 관심사이기도 해서 자주 찾아서 읽는데요, 얼마 전에 읽었던 책의 경우에는 이런 아쉬움이 들더군요.

'겨우 책 한 권 낸 저자인데 벌써 책쓰기 책을 쓴다는 건 시기상조 아닐까?'

에세이의 경우 저자의 특별한 경력이 필요하지 않지만 정보를 주는 목적의 책, 즉 실용서일 경우 '이 책을 쓸 만한 사람인지' 저자의 경력에 대한 검증이 필요합니다.

서평에 비평 요소를 넣어 적어보았습니다.

누구나 책을 쓸 수 있는 시대가 되었지만, 그럼에도 시간과 돈을 들여 읽는 독자를 생각할 때 최우선으로 고려해야 할 점은 '저자는 이 책을 쓸 자격이 되는가?' 하는 점이다. 딱 한 권의 책을 쓰고 딱 한 번의 출간 계약, 딱 한 번의 책 홍보, 딱 한 군데 출판사와의 협업을 경험하며 이제 겨우 출판이 돌아가는 생태계를 이해했을 저자가 책쓰기 전반에 대해 이야기하기엔 어쩔 수 없이 '경험이 부족하다'는 인상이 든다.

비평이 어려운 게 아니라는 점, 이해하셨죠?

책을 읽으며 좋았던 점은 이런 식으로 나열해볼 수 있습니다.

- **논리 정연한 목차** : 목차만 봐도 어떤 주제로 이야기가 진행될 지 명확히 알 수 있었다.
- **명확한 대상 독자** : 이 책이 필요한 사람들이 제목 혹은 부제에 기재되어 있어, 책을 선정하는데 드는 시간과 에너지를 아낄

수 있었다.

책을 읽으며 아쉬웠던 점은 이렇게 나열해볼 수 있겠습니다.

- **저자의 전문성** : 이 책을 쓸 만한 전문성이나 경력을 아직 갖추
지 못했다.
- **부적절한 예시** : 저자가 주장하는 바를 제대로 뒷받침해주지
못하고 전체적으로 산만한 느낌이 든다.
- **용두사미형 결말** : 초반에 장황하게 이야기를 시작했으나 급하
게 마무리를 지어버린 느낌이다.

▽ 7일 차 서평 연습 : 비평하기 연습

지금 읽고 있는 책을 펼쳐 간단하게라도 좋으니 나의 의견을 작성해봅시다. 책을 읽을 때마다 '아쉬웠던 점'을 습관적으로 찾는 연습을 하면, 서평의 비평을 쓰는데 큰 도움이 됩니다.

	책의 좋았던 점	책의 아쉬웠던 점
저자의 전문성		
목차의 명확성		
논리적인 전개		
예시의 적절함		
기타		

04.

발췌문은
어디서?

서평을 쓰는데 있어 중요한 요소 중 하나는 '발췌문 삽입'입니다. 서평을 100% 나의 의견만으로 써넣기는 쉬운 일이 아닙니다. 발췌문은 서평이라는 망망대해에서 방향을 잃지 않도록 비춰주는 등대와도 같습니다.

추가로, 발췌문은 어떤 역할을 하는 걸까요?

작가가 강조하는 메시지를 나타낸다

발췌문은 저자가 강조하는 메시지를 힘주어 보여줍니다. 앞서 목차에는 저자가 말하고자 하는 핵심 키워드를 나열해두었다는 말씀 드렸지요? 그 키워드에 맞게 저자가 주장하는 바가 정확하게 담긴 문장을 뽑는 것이 발췌문입니다.

따라서 발췌문을 뽑을 때는 저자가 목차에서 언급한 키워드에 맞는 문장으로 발췌했는가를 유의하여 볼 필요가 있습니다.

나에게 인상적이었던 부분을 남긴다

저자가 강조하는 메시지 외 개인적으로 울림을 주었던 문장도 발췌문으로 남길 수 있습니다. 서평은 단순히 글쓰기 연습을 하기 위해, 다른 사람에게 좋은 책 정보만 주기 위해 쓰는 글이 아닙니다. 나 자신의 제대로 된 독후활동을 위해서 쓰는 글이기도 하므로, 개인적으로 적용할 만한 문장도 발췌문으로 뽑아두세요.

다만 개인적으로 좋았던 문장만 잔뜩 발췌한다면 서평이 아니라 독후감이 되겠지요? 정해진 건 아니지만, 저자의 강조 메시지 발췌를 8, 개인 적용 메시지 발췌를 2 정도의 비율로 하면 서평의 객관성을 유지할 수 있겠습니다.

서평 쉽게 쓰는 법

서평의 중요한 요소 중 하나인 줄거리와 내용 요약이 은근 쉽지 않습니다. 특히 소설의 특성 상 줄거리 요약과 등장인물과 주인공과의 관계 소개, 시대적 배경 설명이 필요하다고 말씀 드렸는데요. 줄거리 요약이 너무 길어지면 본론을 읽기도 전에 지루해져 버립니다. 반면 줄거리 요약이 너무 부실하면 독자는 책의 내용을 거의 파악하지 못하게 되고요.

줄거리 요약이 구구절절 너무 길어질 것 같다 싶을 때 제가 자주 쓰는 방법은 '주인공과 시대 상황을 설명하는 발췌문'을 첫 단락에 넣는 것입니다.

박경리 작가의 《김약국의 딸들》이라는 소설의 줄거리를 요약하는 대신 이렇게 발췌문을 넣으면 어떨까요? 이 단락만으로도 가족의 기구한 사연이 바로 이해가 되지요.

저의 아버지는 고아로 자라셨어요. 할머니는 자살을 하고 할아버지는 살인을 하고, 그리고 어디서 돌아갔는지 아무도 몰라요. 아버지는 딸을 다섯 두셨어요. 큰딸은 과부, 그리고 영아 살해 혐의로 경찰서까지 다녀왔어요. 저는 노처녀구요. 다음 동생이 발광했어요. 집에서 키운 머슴을 사랑했죠. 그것은 허용되지 못했습니다. 저 자신부터가 반대했으니까요. 그는 처녀가 아니라는 혐 때문에 아편쟁이 부자 아들에게 시집을 갔어요. 결국 그 아편쟁이 남편은 어머니와 그 머슴을 도끼로 찍었습니다. 그 가엾은 동생은 미치광이가 됐죠. 다음 동생이 이번에 죽은 거예요. 오늘 아침에 그 편지를 받았습니다.

－《김약국의 딸들》중

책 전체를 관통하는 문장을
_____ 첫 문장으로 발췌하여 넣을 수 있다

어떤 글이나 첫 문장 쓰기가 막막하다는 말씀을 드렸지요. 그래서 3장 〈예열하는 책 훑기〉에서 표지를 묘사하는 방법으로 첫 문장의 물꼬를 트는 방법도 있다고 했고요. 첫 문장의 물꼬를 트는 또 다른 방법은 책 전체를 관통하는 문제의식이 담긴 문장을 발

서평 쉽게 쓰는 법

췌문으로 넣는 겁니다.

자이니치(재일교포)의 고난을 생생하게 그려낸 소설《파친코》
의 문장을 이렇게 발췌문으로 넣을 수 있겠지요. 이 문장만으로
도 나고 자란 일본에선 차별 받고 고국인 한국에선 외국인 취급
을 받는 자이니치의 현실이 파악이 되니까요.

미국에서는 강꼬꾸징이니 조센징이라는 게 없었어. 왜 내가 남한 사람
아니면 북한 사람이 돼야 하는 거야? 이건 말도 안 돼! 난 시애틀에서
태어났어. 우리 부모님은 조선이 분단되지 않았을 때 미국으로 갔고. 왜
일본은 아직도 조선인 거주자들의 국적을 구분하려고 드는 거야? 자기
나라에서 4대째 살고 있는 조선인들을 말이야. 넌 여기서 태어났어. 외
국인이 아니라고! 이건 완전 미친 짓이야. 네 아버지도 여기서 태어났는
데 왜 너희 두 사람은 아직도 남한 여권을 가지고 다니는 거야? 정말 이
상해.

－《파친코》중

책을 읽을 때 아무런 표식도 하지 않는 분들이 있습니다. 심지

어 인상적이었던 문장, 저자가 강조하는 키워드가 나온 페이지의 모서리도 접어두지 않은 채 서평을 쓰려고 하면 글쓰기가 너무 막막해집니다. 서평을 쓰기 위해 책을 처음부터 다시 읽어야 하는 기분이 들 거예요.

서평을 쓰겠다고 다짐한 분이라면 기본적으로 발췌문 뽑을 곳을 표시해두어야 합니다. 간단하지만 실천하기 쉬운 방법을 소개해드리겠습니다.

발췌문 뽑는 법

사이토 다카시의《3색 볼펜 읽기 공부법》이라는 책에서는 빨간색, 파란색, 초록색으로 구분하여 메모하라고 합니다. 빨간색 볼펜은 객관적으로 중요한 곳, 파란색 볼펜은 대략적인 줄거리 혹은 요약이 필요한 내용, 초록색 볼펜은 개인적으로 와 닿는 문장에 밑줄을 긋습니다. 삼색 볼펜 대신 필름 인덱스의 색상을 구분하여 적용해볼 수도 있습니다.

— 빨간색 : 저자가 강조하는 문장

저자가 의도하고 강조하는 주제를 먼저 찾아야 합니다. 큰 장마다 핵심 키워드인 1~2곳에 붙입니다. 이 핵심 키워드를 요약하여 서평에 넣을 필요가 있습니다.

— 파란색 : 핵심 키워드를 부연설명하는 문장

빨간색으로 붙여둔 부분을 보충하여 설명해주는 부분에 붙입니다.

— 녹색 : 개인적으로 인상 깊은 문장

저자가 주장하는 내용과는 별도로 개인적으로 새롭게 알게 된 내용, 적용하고 싶은 부분이 있다면 표시합니다.

《3색 볼펜 읽기 공부법》에 나온 볼펜 이용법에 따라 빨강, 파랑, 녹색 필름 인덱스를 나눠서 사용해보라고 말씀 드렸는데요. 하나 추가해서 노란색은 이렇게 사용해보세요.

- 노란색 : 논리적이지 않은 문장

저자의 주장이 논리적이지 않거나 혹은 예시가 적절하지 않다면 표시를 해둡니다. 서평에서 우리가 비평할 부분입니다.

개인 선호에 따라 다른 색상으로 바꾸어도 물론 괜찮습니다.

▽ 8일 차 서평 연습 : 발췌문 뽑기 연습

지금 읽고 있는 책의 발췌문을 뽑는 연습을 해봅시다.

핵심 키워드엔 빨간색을,
핵심 키워드를 부연설명하는 예시, 주장은 파란색,
개인적으로 적용하고 싶은 문장, 밑줄 긋고 싶은 문장엔 녹색,
논리적인 비약이 있거나, 맞지 않는 서술이라는 생각이 드는 곳엔 노란색으로 표식을 해봅시다.

유의할 점은 너무 많은 표식을 해두면 오히려 글을 쓸 때 방해가 된다는 겁니다. 개인적으로 추천 드리는 발췌문 표식은 한 챕터당 다섯 군데 이내입니다.

서평 쉽게 쓰는 법

★☆☆ 요약정리

1. 목차와 서문 : 실용서의 경우 목차, 서문을 꼼꼼하게 읽습니다. 특히 목차의 중요 키워드를 살펴봅니다.

2. 요약 연습 : 큰 장이 끝날 때마다 그 장의 핵심 키워드를 적고 2~3줄로 내용을 설명하는 글을 써봅시다.

3. 비평 연습 : 책을 읽으며 아쉬운 점, 논리적 비약이 있는 곳을 자주 찾는 연습을 해봅니다.

4. 삼색 볼펜 혹은 필름 인덱스 활용하기 : 빨간색은 저자가 강조하는 부분, 파란색은 빨간색을 부연설명하는 부분, 녹색은 개인적으로 인상적인 부분, 노란색은 비평하고 싶은 부분에 표시를 해봅니다.

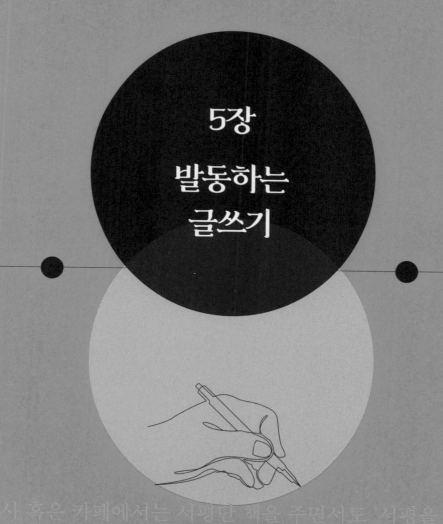

5장

발동하는
글쓰기

사 혹은 카페에서는 서평단 책을 주면서도 '서평을 어
후론 우리가 쓴 독후감 내지는 서평을 제대로 봐준 사
을 읽고 기록으로 남겼습니다. 처음엔 어떻게 쓸지 막
문장 쓰기가 막막하면 이렇게 하면 되겠구나.' 소설
나.' 경제경영서엔 목차에 중요한 키워드가 다 들어가

01.

요약하기는
딱 내 이해 수준만큼

서평에서 요약하기는 중요한 기능을 합니다.

문학 장르에서 특히 소설은 줄거리 요약을 꼭 해주어야 서평을 읽는 사람이 책의 내용을 이해할 수 있습니다. 비문학 장르도 핵심 키워드로 책을 소개할 때 요약하기가 필요합니다.

요약하기를 해본 적이 거의 없다면 막막한 느낌이 들 수도 있는데요. 평소 요약하기를 연습할 수 있는 방법이 있습니다. 한 장을 읽은 후 다음 장으로 바로 넘어가지 말고 잠깐 책을 덮으세요. 포스트잇과 펜을 준비하고요.

문학 작품이라면 방금 읽은 장의 줄거리를 5줄 이내로 적어봅니다. 비문학 작품의 경우 가장 중요한 키워드 하나를 적고 그 키워드를 설명하는 글을 5줄 이내로 적어봅니다. 챕터가 끝날 때마다 이런 식으로 요약하는 연습을 하면 서평 쓸 때 큰 도움이 됩니다.

책을 읽을 때마다 포스트잇과 펜을 챙겨두고, 요약하기가 더 이상 어렵게 느껴지지 않을 때까지 부지런히 연습해보면 좋겠습니다.

소설 내용 요약하기

소설의 내용을 요약할 땐 아래 내용이 들어가도록 합니다.

- 주인공 소개 및 등장인물과의 관계
- 시대적 배경
- 중요 사건 요약

두 소설을 예시로 내용 요약을 해보겠습니다.

한 권은 김훈 작가의 《하얼빈》이고, 다른 한 권은 이금이 작가의 《알로하, 나의 엄마들》입니다.

《하얼빈》 김훈 : 내용 요약 예시

《칼의 노래》로 인간 이순신을 담담히 그려냈던 김훈 작가의 신간 장편 소설이 나왔다.

이번엔 청년 안중근의 이야기다. '청년 안중근'이라고 힘주어 말하는 데는 이유가 있다.

책은 안중근의 일대기가 아닌 이토 히로부미를 쏘기 직전의 시간에 집중한다. 이토를 쏘기 직전 대한민국 의병으로서의 안중근, 두 아이의 아버지로서의 안중근, 한 집안의 맏아들로서의 안중근이 갈등하고 고뇌하는 장면이 그려진다.

때는 1908년, 일본이 메이지 일왕을 중심으로 빠른 근대화, 산업화를 이뤄가던 시기다. 영국 등 여타 제국주의를 지향하던 나라와 마찬가지로 일본도 중국을 탐내는 한편 중국의 통로가 되는 대한민국을 먼저 합병하려 한다. 이러한 일본의 식민지 정책에 앞장섰던 이 중의 하나가 한국의 통감이던 이토 히로부미였다.

이토가 하얼빈에서 러시아의 재무 장관을 면담한다는 소식이 독립군들 사이에 전해진다. 만주의 철도권을 얻기 위해 공을 들이던 일본이 철도 시찰을 위해 하얼빈을 방문한다는 것이다.

이 책의 특징은 안중근의 일대기가 아닌 하얼빈에서 이토 히로부미를 쏘기 직전의 시간을 집중해서 보여준다는 점입니다. 특히 위인 안중근이 아닌 인간 안중근의 갈등을 표현한다는 점이 다른 책들과의 차이점이니 이 부분을 서평에 언급해줍니다. 일본이 한국을 넘어 중국을 향한 야욕을 숨기지 않던 제국주의 시대임을 밝혀주고, 만주 철도권을 얻기 위해 하얼빈으로 향하는 이토 히로부미라는 인물도 설명을 해줘야겠죠.

이번엔 이금이의 《알로하, 나의 엄마들》이라는 소설을 요약해보겠습니다.

《알로하, 나의 엄마들》 이금이 : 내용 요약 예시

1917년 일제강점기, 작은 동네 어진말. 열여덟 살이 된 버들에게 "포와 (하와이)로 시집가지 않겠느냐"고 방물장수 부산 아지매가 말을 건네며 이야기는 시작된다. 버들네는 양반 가문이었지만 아버지가 돌아가신 이후로 어머니 윤씨가 바느질거리로 겨우 입에 풀칠하며 살아간다.

"애기씨, 거(하와이) 가면 공부도 할 수 있습니다." 라는 방물장수 아지매의 말에 버들의 마음은 붕 뜬다. 사진 속 인물이지만 신랑이 될 태완의 얼굴은 듬직하고 강직해 보인다.

하와이의 농장주들은 대규모로 설탕과 파인애플 농장을 운영하며 일손이 부족하게 되자, 중국인, 일본인과 조선인 노동자까지 적극적으로 이민을 받는다. 노동자들이 가정을 꾸리고 더 착실히 일을 할 수 있도록 농장주들이 결혼을 권장하기도 했다.

조선 여자들은 가난을 피하기 위해 또는 버들처럼 새로운 기회를 잡기 위해 그 먼 곳, 하와이까지 떠난다. 평생 만난 적 없고 대화 한 번 해본 적 없는 낯선 이의 사진 한 장에 의지해서 말이다. 버들, 홍주, 송화 이 셋은 하와이라는 새로운 땅에서 서로의 든든한 버팀목이 되어준다.

이 소설의 서평을 쓰는 데도 시대적인 배경 설명이 필요합니다.

조선 말기를 지나 양반이라는 신분은 아직 존재했으나 그 영향력
은 점점 유명무실해지고, 딸인 버들이도 '공부하고 싶다'며 큰 땅
으로 나가고 싶어 하던, 세상이 바뀌기 시작한 때였죠. 하와이에
서 대규모 농장이 운영되어 조선인까지 노동자로 데려갔는데, 이
노동자들이 도망가지 않도록 붙잡아둘 구실, 즉 가족이 필요했기
에 사진 신부(Picture bride)가 등장합니다. 이런 배경을 설명해
주어야 아직 책을 읽지 않은 독자들이 '왜 버들이가 하와이까지
가게 되었는지' 이해할 수 있는 거죠.

　또한 주인공인 버들과 함께 하와이로 건너가 동고동락하게 될
친구 홍주와 송화가 등장함을 알려줍니다.

　모든 문학 작품의 서평에 시대배경 설명이 들어가는 것은 아닙
니다. 다만 핵심이 되는 키워드 설명을 위해 반드시 시대배경이
필요한 작품도 있음을 알아두면 좋습니다.

비문학의 경우 '이 책을 쓴 저자의 의도 혹은 배경'에 대한 전체적인 설명을 한 후, 서문에 나와 있는 핵심 키워드를 골라 요약하는 글을 써줍니다.

매년 10월이면 어김없이 출간되는 책이 있습니다. 바로《트렌드 코리아》입니다. 세상이 어떻게 변화되고 있으며 사람들이 무엇에 관심을 두고 있는지 알아볼 수 있는 책입니다.

이 책의 형식은 매년 동일합니다. 전반부엔 서울대 소비트렌드분석센터에서 전년도에 뽑았던 키워드들을 돌아보는 글이 수록되어 있고, 후반부엔 책의 핵심이라 할 수 있는 내년도 키워드 10개가 소개됩니다.

《트렌드 코리아 2023》 서울대 소비트렌드분석센터 : 내용 요약 예시

2023년은 계묘년, 검은 토끼의 해다. '잘 듣고 잘 보는 토끼처럼 지혜롭고 유연하게 뛰어 올랐으면 좋겠다'는 저자의 소망을 담아 래빗 점프

(Rabbit Jump)를 2023년 트렌드 코리아의 부제로 삼았다고 한다. 평균 실종, 오피스 빅뱅, 체리 슈머 등 10대 키워드를 책에 담았다.

키워드만 읽어도 우리 사회가 양극화 체제로 가고 있으며 본격적인 경제 불황기를 맞아 뾰족한 수요층을 찾거나 기발한 아이디어 상품을 내놓지 않는 이상 더 이상 소비자들이 지갑을 열지 않겠구나 라는 생각이 든다. 코로나를 더 이상 죽음의 질병으로 여기지 않게 되면서 온라인이 아닌 오프라인 공간을 찾는 수요가 많아지리라는 예측도 가능하다.

특히나 '평균 실종'이라는 키워드가 묵직하게 다가온다. 지금까지 정규분포도의 양 끝단을 제외하고 가운데 넓은 봉우리 범위에만 들어가면 개인으로선 '중간은 된다'라는 안도감을, 기업은 예측 가능한 수요를 얻을 수 있었다. 하지만 저자에 의하면 더 이상 다수가 대상이 되는 기준선은 없다고 한다. 정규분포도 공식이 이제 통하지 않기 때문이다.

자산, 양질의 교육을 받을 수 있는 기회, 정치성향까지 양극화되고 있다. 책의 내용에 따르면 2022년 서울시의 자치구별 재산세 부과 내역을 비교했더니 가장 많이 부과된 강남구의 재산세 (4,135억원)는 가장 적게 부과된 강북구의 재산세(236억원)와 비교해 17.5배가 많았다고 한다.

코로나를 겪으며 양극화 속도는 더욱 더 빨라지고 있다. 자산 격차만이 아니다. 재택 근무가 일상이 되며 개인별 업무 성과 또한 명확하게 갈렸다. 월급 루팡과 핵심 인재가 정확하게 구분된다는 말까지 나온다.

더 이상 평균값이 통하지 않는 시대다. 평균을 뛰어넘는 특별함을 개인, 기업 모두 고민할 때다.

《트렌드 코리아 2023》의 열 가지 키워드 중 '평균 실종'이라는 하나의 키워드를 골라서 요약했습니다. 10개 키워드를 다 요약하려면 서평이 너무 길어지니 2~3개 정도의 키워드를 요약하여 본문 내용으로 적어주면 됩니다.

읽고 있는 책의 내용 요약하기를 해봅시다.

⟨문학 작품⟩일 경우
- 주인공은 누구이며 각 등장인물과 어떤 관계를 맺고 있나요?
- 이 작품에서 가장 중요한 '사건' 내지는 '핵심 키워드'는 무엇일까요?
- 그 사건, 핵심 키워드를 이해하기 위해 시대배경이 필요하다면 설명 해주세요.

⟨비문학 작품⟩일 경우
- 책의 목차를 읽으며 '핵심 키워드'를 2~3개 정도 뽑아봅시다.
- 각 핵심 키워드를 하나의 문장으로 만들어봅니다. 예를 들면《트렌드 코리아 2023》의 '평균 실종'이라는 키워드를 '더 이상 정규분포도는 유효하지 않다' 라는 문장으로 만들어볼 수 있습니다.
- 그 문장을 뒷받침해주는 근거 내용을 모아봅시다. 위에서 예로 든 '더 이상 정규분포도는 유효하지 않다'는 문장을 설명하기 위해 '서울시 각 자치구별 재산세 부과 내역'을 예시로 넣었습니다.
- 주장을 마무리하는 문장도 적어봅니다. 위의 예시에서는 양극화로 인 해 개인 및 기업이 각자도생해야 하는 쉽지 않은 시대임을 적으며 글 을 마무리지었습니다.

처음엔 내용 요약이 당연히 쉽지 않습니다. 한 장을 읽을 때마다 바로 다음 장으로 넘어가지 말고 읽은 내용에서 중요한 키워드를 뽑아 한 문장으로 만들어보고, 그 문장을 뒷받침해줄 근거를 찾아두는 연습을 하면 좋습니다.

02.

장르별
서평 쓰는 법

이번엔 각 장르별로 서평 쓰는 연습을 해보겠습니다. 책 장르는 더 구체적으로 나눌 수 있겠지만, 이 책에서는 에세이, 소설, 인문/자기계발서, 경제경영서, 그림책의 다섯 장르로 나누어 서평 구성을 설명해보도록 하겠습니다.

··에세이

에세이란 일상에서 겪은 개인적 감상, 의견, 체험 등을 적은 글입니다. 에세이를 읽을 땐 제목을 유심히 살펴봅니다. 제목에 글 전체를 아우르는 주제가 포함되는 경우가 많거든요.

곽아람 저자의《매 순간 흔들려도 매일 우아하게》라는 책을 살펴보겠습니다.

이 책의 장르는 독서 에세이입니다. 조선일보 문화부에서 근무하는 저자의 책에 관한 해박한 지식과 더불어 줄줄이 비엔나처럼 엮인 '읽고 싶은 책 속의 책'을 맛볼 수 있죠.

제목을 왜《매 순간 흔들려도 매일 우아하게》라고 지었을까요? 이 책은 저자의 인생에 영향을 미친 스무 권의 책과 책 속 여성 주인공들의 이야기들로 구성되어 있습니다. 모멸감에도 품위를 유지하는 법을 알았던《소공녀》세라와 정정당당하게 본인의 손으로 하나씩 이뤄가는《유리가면》의 죠안, 영혼의 단짝이 아직도 유효하다고 믿고 싶게 만드는《빨간머리 앤》의 앤과 다이애너까지, 그 주인공들이 단단하게 살아가는 걸 지켜보며 나 또한 매 순간 흔들려도 매일 우아하게 살아가겠다는 '책 덕후'의 결연한 다짐인 거죠.

에세이는 특별한 글의 형식이 없어 가장 쓰기 쉬운 글로 여겨지지만 저자의 역량에 따라 글의 수준도 천차만별이랍니다. 에세이 서평에서도 저자 소개는 빠뜨리지 말고 해주세요.

두툼한 하드 커버를 넘겨 저자 소개를 읽어봅니다. 조선일보 문화부에서 근무 중인, 읽고 쓰기를 밥벌이로 하는 직장인이군요. 저자의 말에 따르면 '고등 교육을 받은 부모로부터 정교한 계획 아래 키워진 아이'라고 해요. 어릴 적 아버지가 할부로 사준 《세계 명화집》이 고고미술사학과를 전공으로 선택하는데 영향을 미쳤다고 하고요. 대학 교수인 아버지, 책으로 둘러 쌓인 환경 덕에 지적 자극도 충분히 받았겠지요.

신문사에서 오랫동안 근무하면서 꾸준히 에세이를 출간하는 점도 인상적입니다. 한 인터뷰에서 이런 이야기를 하더군요. 신문사 선배로부터 들은 "기사를 쓰다 보면 자기 글이 망가지니, 자신을 유지하고 싶으면 자기 글을 꾸준히 쓰는 연습을 해야 한다"는 말이 오래 기억에 남는다고요. 실제로 저자는 '나는 내가 드러

나는 글쓰기가 중요한 사람'이라고 합니다. (탑클래스 인터뷰 2022 년 6월호)

저자의 다른 저서도 찾아봅니다. 《그림이 그녀에게》《미술 출장》《공부의 위로》등이 있습니다.

문장 수집의 즐거움

에세이를 읽는 큰 즐거움은 밑줄 긋고 싶은 멋진 문장들을 발견하는 거죠. 저는 이런 문장에 밑줄을 그어두었어요.

- 이 책의 제목을 설명해줄 중요한 책 속 인물 혹은 에피소드
- 공감되거나 인상적이었던 부분
- 나도 읽어보고 싶은 책 속의 책
- 인용하고 싶은 멋진 문장

마지막으로 '나라면 이런 구조로 쓰겠어' '저자가 말하는 주제

서평 쉽게 쓰는 법

를 설명하는데 이 책 예시는 적절하지 않은 것 같아' 등등, 여러분의 의견도 책 모서리에 적어주세요.

마음에 어는 점이 생길 때마다 책 속 주인공에게 위로를 받다

-《매 순간 흔들려도 매일 우아하게》곽아람, 이봄

마음에 어는 점을 만들지 말 것. 어떠한 고난이 닥쳐와도 밑바닥까지 추해지지 않을 것. 최대한 우아함과 품위를 유지할 것. 어릴 적 읽은 책에 등장하는 여성들에게 나는 이런 걸 배웠다. (7p)

'모멸에 품위로 응수하는 책읽기'
이 책에 붙은 부제는 무엇을 의미하는 걸까.

저자 곽아람은 조선일보 문화부에서 근무중인 기자다. 저자의 표현을 빌리자면 '고등 교육을 받은 부모로부터 정교한 계획 아래 모범생으로 키워진 아이'였다고 한다. 덕분에 책으로 둘러싸인 환경에서 자랐고, 책은 근사한 도피처가 되어주었다. 학교 안에선 모범생으로 칭찬과 인정만 받던 저자가 막상 세상 밖으로 나갔을 때 경험한 부당함, 모멸감은 때로 견디기 힘든 것이었다.

그 부당함은 혼자만 느낀 것이 아니었다. 특별 관리를 받는 학생에서 학교의 하녀로 전락한 《소공녀》의 세라, 친딸을 죽인 살인범의 딸이라는 누명을 쓰고 새어머니의 미움을 받게 된 《빙점》의 요코 또한 심한 모멸감을 견디며 살아간다.

작은 아씨들의 둘째 딸 조는 어떤가. 남성에게 부양 받는 약한 존재가 아닌, 글을 쓰며 직접 생계를 꾸려 나가겠다는 당찬 모습까지, 책 속 주인공들은 세상 밖으로 나오는 대신 조용히 숨으려는 저자의 등을 밀어주는 따뜻한 조력자였고, 꾹 참는 대신 용기 내어 목소리를 내게 만드는 단단한 멘토였다.

"저는 다른 어떤 것이 되지 않으려고 애썼을 뿐이에요. 가장 춥고 배고플 때조차도 다른 게 되지 않으려 애썼다고요." (32p)

민친 선생의 폭행과 모욕을 견뎌야만 했던 세라가 결국 부자 아버지 친구를 만나 모든 걸 되찾으며 하는 말이다. 어떤 상황에서도 "나 자신이 아닌, 다른 것이 되지 않으려고 애썼을 뿐"이라는 말이 와 닿는다.

서평 쉽게 쓰는 법

저자에게 세라가 있었던 것처럼 나도 오랫동안 《나의 라임 오렌지나무》의 제제와 뽀르뚜가 아저씨를 마음에 두었다. 학교에서 오랫동안 외톨이로 지내던 내 모습이 꼭 가족들 사이에서 천덕꾸러기였던 제제 같다고 생각했다.

'그래도 제제는 좋은 어른이 되었으니까, 나도 좋은 어른이 될 수 있을 거야. 제제처럼 나에게도 뽀르뚜가 아저씨가 생길 거야.'

이 책을 처음 읽었던 열 살의 나는 뽀르뚜가 아저씨가 되어줄 누군가를 찾았지만, 지금은 내가 누군가의 뽀르뚜가가 되어줄 수 있을까를 고민하는 나이가 되었다.

《매 순간 흔들려도 매일 우아하게》라는 책 제목에 깊이 공감한다. 매일 상처받고 갈대처럼 휘어질지언정 뿌리까지 뽑히진 않는 건 나를 지탱하는 책들 덕분이니 말이다.

▽ 10일 차 서평 연습 : 에세이

에세이로 서평 쓰는 연습을 해볼까요?

- 책의 제목엔 어떤 의미가 있나요?
- 책의 저자를 어떻게 소개할 수 있을까요?
- 서평 본문에 넣어줄 발췌문도 준비하고요.
- 그 발췌문 아래엔 나의 의견도 넣어줍니다.
- 책의 좋았던 점, 아쉬웠던 점을 적으며 마무리 글을 써봅시다.

에세이는 작가의 주관적인 감상이 적힌 글인 만큼 서평에도 독자의 개인적인 의견을 넣을 수밖에 없습니다. 개인적인 의견의 비중이 너무 커지지 않도록 '책과 저자 소개'라는 정보를 넣어 글의 균형감을 맞춰주면 좋겠습니다.

서평 쉽게 쓰는 법

··소설

소설 서평을 쓸 때 빠뜨리지 말아야 할 정보가 있다고 여러 번 말씀드렸지요? 서평을 쓰는 우리는 그 책을 읽었지만, 내 서평을 읽는 독자는 아직 그 책을 읽지 않았다는 전제로 글을 쓰는 겁니다.

주인공과 등장인물, 시대배경 설명하기

특히나 소설에선 주인공이 누구이며 등장인물과 어떤 관계를 맺고 있는지 꼭 알려주어야 합니다. 필요에 따라 시대배경도 필요하고요.

주인공과 등장인물, 시대배경 정보를 넣었다면 어떤 화제가 발단이 되어 이야기가 진행되는지를 설명해줍니다.

줄거리 요약하기

화제 중심이 아니라 주인공의 심리를 묘사하는 소설이라면 줄거리 요약이 너무 늘어지지 않도록 주의하고요.

줄거리 요약은 한 단락 정도로 마무리 짓습니다. 너무 짧으면 줄거리 이해가 되지 않고, 너무 길면 서평이 지루해집니다.

서평 주제 잡기

서평을 어떤 식으로 서술할지 주제를 잡습니다. 서평 주제가 없으면 단순한 책 정보 나열에 지나지 않겠죠. 책을 읽으면서 '의문이 드는 점' '저자의 주장에 덧붙이고 싶은 나의 해석' '제일 인상적이었던 장면'을 주제로 삼아 글의 방향을 정합니다.

김애란 작가의 단편 소설 중《달려라, 아비》를 예로 들어 소설 서평을 써보겠습니다.

− 저자 소개

1980년생인 김애란 작가는 2005년《달려라, 아비》로 한국일보 문학상의 최연소 수상자가 되어 주목을 받았습니다. 2011년 첫 장편 소설 《두근두근 내 인생》을 출간했고, 소설이 좋은 반응을 얻어 영화로 만들어지기도 했습니다.

"모두가 김애란을 사랑한다. 사랑하지 않는 것이 어떻게 가능한가"라고 문학평론가 신형철이 말했을 만큼 김애란 작가는 2000년대 한국 문학계의 혜성 같은 신인으로 불렸다고 해요.

- 줄거리 요약과 주제 잡기

책의 줄거리를 한 줄로 요약해보라면 이렇게 되겠네요.

'엄마를 임신만 시켜놓고 도망간 아빠와 그럼에도 억척같이 사는 엄마, 비참해지는 대신 유머를 잃지 않고 담담하게 살아내는 나'

소설의 주인공 '나'가 곧 세상에 태어날 걸 알고 집에서 도망쳐버린 '아비' 대신 택시 운전을 하며 엄마는 가장 노릇을 합니다. 저는 이 소설에서 가장 인상적이었던 문장이 "어머니가 내게 물려준 가장 큰 유산은 자신을 연민하지 않는 법이었다"였어요. '나'는 아빠를 원망하지 않습니다. 같이 살고 있지 않을 뿐 아빠는 어디서든 달리고 있을 거라고 상상하며 아빠의 부재를 불행으로 삼지 않는 거죠. 그런 삶의 태도가 인상적이었어요. 쿨하고 멋져 보인달까요.

그래서 '내가 선택할 수 있는 삶의 태도'를 서평의 주제로 삼았습니다. 내가 태어날 가정, 부모까지 선택할 순 없지요. 어찌보면 '나'는 불운해 보이는 환경에서 태어났지만 그럼에도 불행해지지 않기로 선택한 사람이구나 라는 생각을 하면서요. 이 주제를 담아서 서평을 한번 적어볼까요?

불운을 막을 순 없지만 불행을 선택하지 않을 수는 있다
-《달려라, 아비》김애란, 창비

"행복한 가정은 모두 고만고만하지만, 불행한 가정은 저마다 나름 나름으로 불행하다." 안나 카레니나의 이 첫 문장에 의하면《달려라, 아비》의 '나'는 나름 나름을 넘어 불행할 이유가 다분하고도 충분하다. 아빠는 내가 태어나기 하루 전날 집을 나가 단 한 번도 얼굴을 볼 수 없었고 택시 운전으로 가장 노릇을 하는 엄마는 세상살이의 고단함을 한바탕 욕과 함께 내게 쏟아내니 말이다.

비참한 내 처지를 비관하는 대신 '아빠는 달리기를 하러 집을 나갔다'고 나는 믿기로 한다. 단 한 번도 만난 적 없는 아빠지만 어딘가에서 계속

뛰고 있어 내 옆에 없을 뿐이라고 말이다.

"나는 내가 얼굴 주름을 구길수록 어머니가 자주 웃는다는 것을 깨달았다. 그때 나는 사랑이란 어쩌면 함께 웃는 것이 아니라 한쪽이 우스워지는 것일지도 모른다고 생각했다." (39p)

나의 이런 태도는 엄마 덕분이다. 엄마가 내게 물려준 가장 큰 유산은 자신을 연민하지 않는 태도였다. 엄마는 내게 미안해하지 않았고, 나도 어려운 형편이지만 구태여 속 깊은 딸 노릇까지 하지 않았다.

그러던 어느 날, 한 통의 국제 우편이 도착한다. 편지를 보낸 나의 이복 형제는 내 상상 속에서 부지런히 달리기를 했던 그 아빠가 미국 땅에서 돌아가셨다는 소식과 함께 이런 말을 한다. "언제나 아버지를 기다리며 자랐던 저는, 기다리는 일이 얼마나 고통스러운 일인가에 대해 알고 있습니다." 라고.

기약 없는 기다림은 누구에게나 큰 고통이다. 다만 기다림을 일생의 감옥으로 만들어 스스로 갇혀 있을지 조금 덜 불행해지는 선택을 할지는 본인의 몫이다. 어쩌면 이 긍정성이야말로 인생의 중요한 태도일지도 모른다는 생각이 소설의 '나'를 보며 들었다.

출생 계급을 희화화한 수저론 덕에 평범한 가정 출신의 사람들조차도 '나는 흙수저'라고 자신을 연민한다. 내 친구처럼 몇 억을 부모로부터 증여 받지 못했고, 친구의 친구처럼 결혼할 때 작은 아파트라도 물려 받지 못해 시작부터 쉽지 않다고 자위하기란 얼마나 쉬운 일인가. SNS의 발달로 세상에서 가장 불행해지기는 또 얼마나 신속하고 간단한가.

자기 연민에 빠져 있는 대신 살짝 상상력을 가미해보면 어떨까. 자식이 생긴다는 게 두려워 가족에게서 도망친 못난 아빠, 갑작스레 세상을 떠난 이유마저 우스꽝스러운 아빠지만, 그런 아빠를 두었다는 자기 연민 대신 그저 묵묵히 달리는 아빠에게 선글라스까지 멋지게 씌워드리기로 한 나처럼 말이다.

2005년 《달려라, 아비》는 한국일보 문학상을 수상했다. 최연소 수상자로도 주목을 받았던 김애란 작가는 '혜성 같은 신인'으로 불렸다. 1980년생인 그녀는 IMF사태로 집안의 기둥이던 아버지가 경제적으로 무능

서평 쉽게 쓰는 법

력해지는 걸 지켜보고, 일상화된 비정규직을 경험하며 88만원 세대, N포 세대라는 신조어를 듣고 자란 세대다. 그러나 그녀의 글은 무작정 현실을 비관하거나 대책도 없는 희망론을 내세우는 대신 낮은 포복으로 전진하면서도 유쾌함을 잃지 않는다.

▽ 11일 차 서평 연습 : 소설

소설로 서평 쓰기 연습을 해볼까요?

- 등장인물, 주인공과의 관계, 시대배경을 묘사해봅시다.
- 중심이 되는 사건이 있다면 그 사건을 중심으로 줄거리 요약을 해봅시다.
- 서평의 주제를 정했나요? 책 속 주인공에게 하고 싶은 말, 책을 읽으면서 의문이 들었던 점을 내가 쓰고 싶은 서평의 주제로 삼으면 됩니다. 이 서평의 주제가 들어가면 단순히 책 정보를 나열한 글에서 나만의 관점을 가진 글이 되겠지요.

자기계발서는 저자가 '이 책을 쓸 자격이 있는지' 검증하는 단계부터 필요하겠죠. '이 분야에서 이룬 업적을 나누겠다' 혹은 '내가 경험하고 이런 점을 깨달았다' 라는 취지로 쓴 글이니까요. 따라서 책 날개의 저자 소개를 꼼꼼하게 읽고 요약합니다.

저자 소개

《책은 도끼다》의 저자이자 광고인으로 유명한 박웅현 작가의 《여덟 단어》라는 책을 예시로 들어보겠습니다. 《여덟 단어》는 인문교양 혹은 자기계발서로 분류되는 책입니다. 저자가 20, 30대를 대상으로 '자존, 본질, 고전, 견(見), 현재, 권위, 소통, 인생'이라는 여덟 개의 주제로 강연했던 내용을 책으로 엮었습니다.

책 날개를 넘겨 저자 소개를 읽어봅니다. 현재 TBWA KOREA라는 광고 회사에서 근무하고 있고 대표 카피로 '그녀의 자전거가 내 가슴속으로 들어왔다' '사람을 향합니다' '진심이 짓는다'가 있군요.

핵심 키워드 & 핵심 키워드를 부연하는 주제 찾기

'인생 선배의 여덟 가지 조언'이라고 책의 부제를 붙일 수 있을 것 같습니다. 여덟 개를 전부 설명하자면 글이 너무 길어지니 이 중에 1~2개 정도 골라볼까요. 특히 인상적이었던 '견(見)'에 대해 이야기해보고 싶습니다. 안도현의 〈스며드는 것〉이라는 시로 시작되는 이 장은 "꽃게를 먹어본 적은 있지만, 이런 시각으로 본 적이 있느냐?"라는 질문을 던집니다.

읽은 후의 개인 적용점

글을 위한 글은 쓰지 않기로 했지요? 자기계발서를 읽은 이상 개인 적용점이 필요합니다. 인생 선배의 가치관을 담은 여덟 단어를 넘어 나의 아홉 번째 단어는 무엇으로 채울지도 고민해보면 좋겠지요. 이런 내용을 담아 《여덟 단어》의 서평을 적어보도록 하겠습니다.

아홉 번째 나의 단어를 채울 수 있다면

-《여덟 단어》박웅현, 북하우스

'사람을 향합니다' '그녀의 자전거가 내 가슴속으로 들어왔다' '진심이 짓는다'

누구나 한 번씩은 들어봤음직한 광고 카피다. 광고의 궁극적인 존재 이유는 소비자의 지갑을 열어 무언가를 사게 만드는 데 있다. 자본주의의 꽃이라 불리는 광고업계에서 이렇게 사람 냄새 나는 카피를 만들다니 싶어 약간 의아하다. 어쩌면 이 책 여덟 단어도 그가 만들어온 카피와 닮아 있다. 저자의 가치관이 여덟 단어라는 키워드 안에 고스란히 담겼기 때문이다.

여덟 단어는 삶에 대한 태도라고도 할 수 있는 자존, 본질, 고전, 견見, 현재, 권위, 소통, 인생을 말한다. 그 중에서도 가장 인상깊었던 단어는 '견', 제대로 보기다.

"흘려 보고 듣느냐, 깊이 보고 듣느냐의 차이. 결국 생각해보니 지금까지 나의 경쟁력이 되어준 단어는 견(見)이었습니다." (110p)

저자는 창의성을 높이는 방법에 대한 강의 의뢰나 질문을 자주 받지만 창의성은 공부하는 것이 아니라 현장에서 직접 몸으로 배워야 한다고 단언한다.

안도현 시인의 〈스며드는 것〉이라는 시를 예로 들어보자. 살이 신선하게 유지되도록 살아 있는 꽃게에 간장을 부어 그대로 삭힌 것이 간장게장이다. 간장 게장은 밥도둑이다, 이상의 생각을 해본 적이 있던가? 부어지는 간장을 온몸으로 품고, 알에게 "불 끄고 잘 시간이야" 라고 말하는 장면을 우리가 상상이나 할 수 있을까?

다르게 볼 수 있는 힘은 어디서 오는 걸까? 바라보는 대상에 대한 관심이다. 그 관심이란 조금 더 시간을 들여 바라볼 수 있는 여유, 기다림을 의미할 것이다.

명언 제조기로 불렸던 드라마 〈나의 해방일지〉에서 "경기도민은 인생의 20%를 대중교통에서 보낸다"는 대사를 들으며 헛헛한 웃음이 나왔다. 매일 2시간 30분씩 지하철 출퇴근에 쓰는 경기도민으로서 탄식같은 동의를 할 수밖에 없었기 때문이다. 하지만 대중교통에서 보내는 시간을 제대로 '견見'한 덕에 인생의 많은 부분이 달라졌다고 어쩐지 항변하고 싶어진다. 스마트폰 게임을 하거나 별 의미 없는 영상을 보는 대신 집중해서 책을 보는 시간으로 정한 덕에 말이다. 8년째 지하철 통근 시간은 고정 독서 시간이고, 이 시간 덕에 매년 100권 이상의 책을 읽고 있다.

책의 마지막에 아홉 번째 단어를 넣을 수 있다면 나는 '일상'이라고 짓겠다. 그저 참고 견디는 통근 시간은 지옥같은 일상이지만, 조금 다르게 의미부여를 한 덕에 지혜의 시간을 쌓고 있으니까. 매일 똑같이 반복되는 일상 속의 숨겨진 의미, 그 '일상의 비의'를 찾는 건 각자의 몫이니까. 사실 우리의 삶은 일상이 전부니까.

서평 쉽게 쓰는 법

자기계발서 혹은 인문교양서로 서평을 써봅시다.
- 저자 소개 및 책 정보는 꼭 넣고요.
- 책에서 말하는 핵심 키워드를 요약해보고,
- 그 핵심 키워드를 골라 보완하는 부연설명을 해봅시다.
- 자기계발서라면 책을 읽은 후 나의 적용점도 적어주세요.
- 인문교양서라면 책에 대한 나의 평가 혹은 견해를 넣어줍니다.

‥경제경영서

사실 경제경영서에 익숙하지 않은 독자들은 읽어내기도 쉽지 않은 장르일 수 있습니다. 따라서 처음엔 '내 수준에 맞는 책인지' 부터 점검을 하세요. 경제경영서의 목차와 서문을 '이해도 사전 점검표'처럼 사용해도 좋습니다. 서문부터 이해가 되지 않으면 내 수준에 맞지 않는 책일 가능성이 높거든요.

저자 소개

자기계발서와 마찬가지로 이 책을 쓴 저자에 대한 소개가 필요합니다. 특히 경제경영서는 한 분야에서 전문가라 불리는 이가 쓴 책이므로, 저자의 이력, 저서, 최근 활동 등을 살펴봅니다. 저자의 뉴스 기사를 일부러 검색해서 읽어보기도 합니다. 책 날개의 저자 소개와 뉴스에서 얻은 정보들을 요약하여 저자를 소개하는 글을 한 단락 정도 씁니다.

핵심 키워드 찾기

경제경영서 역시 목차에 핵심 키워드가 나열된 경우가 많습니다. 저자가 중요하게 생각하는 키워드를 설명하고 내용에 부합되는 발췌문을 넣어줍니다.

서평 쉽게 쓰는 법

독후감과 서평의 차이가 '평가하는 글'인가의 여부라고 말씀 드렸지요? 경제경영서에서는 이런 점을 눈여겨보았다가 비평 요소로 삼을 수 있습니다.

- 이 주제의 글을 쓸 만한 자격과 경력이 있는 저자인지?
- 저자가 강조하는 키워드가 제대로 나타나 있는지?
- 주제를 뒷받침하는 예시가 적절한지?

불황기를 맞는 우리의 자세, 죽거나 혹은 변하거나
- 《트렌드 코리아 2023》 서울대 소비트렌드분석센터, 미래의 창

《트렌드 코리아 2009》가 처음 출간된 이래 어김없이 매년 10월이 되면 이 책, 트렌드 코리아가 서점에 깔린다. 서울대 소비트렌드분석센터는 소비자학과 김난도 교수를 센터장으로 두고 트렌드를 분석하고 예측하는 기관이다.

이 책의 형식은 매해 동일하다. 전년도 키워드를 돌아보는 글을 책의 전반에, 새해의 키워드를 책의 후반에 소개한다. 계묘년 검은 토끼의 해, 2023년의 키워드가 유독 궁금해지는 까닭은 국내외 정세가 워낙 좋지 않기 때문이다. 본격적인 불황기의 그늘이 드리우고 있어 기업도 소비자도 녹록치 않은 한 해가 될 거라 예상된다.

서울대 소비트렌드분석센터가 정한 2023년 10개의 키워드를 살펴보니 이렇게 축약해볼 수 있었다.

- 불경기를 맞아 소비자들은 가성비 소비를 지향하며,

- 기업들은 새로운 수요를 일으킬 방법을 찾아 골몰하고 있고,

- 소득, 소비의 양극화는 점차 심화되고 있으며,

- MZ세대를 잇는 알파 세대가 등장했다는 점이다.

이 중에서도 눈길이 가는 건 심화되는 양극화다. 책에서는 더 이상 정규분포도의 의미가 없다는 말을 한다. 정규분포도의 67%에 해당되는 중간값은 기업에게는 '최소한의 수요층'이자, 평균에 기대고 싶은 이들에겐 '그래도 중간은 간다'는 안도감이었다. 하지만 자산, 소비, 자녀교육, 정치성향까지 양 끝단으로 나뉘면서 중간값이 점점 작아진다. 극단적

서평 쉽게 쓰는 법

으로 저렴하고 가성비가 좋은 제품이 아니라면 팔리지 않는데 반해 한 그릇에 10만원에 육박하는 빙수, 1박에 100만원을 호가하는 특급호텔 스위트룸은 성황을 이루는 것처럼 말이다.

양극화 뿐 아니라 하나로 쏠리는 단극화도 평균을 무의미하게 하는 요인 중 하나다. '사람 수의 제곱으로 힘이 비례한다'는 네트워크 파워에 힘입어 구글, 아마존 같은 플랫폼은 앞으로도 강력한 영향력을 갖게 될 것이라고 한다.

더 이상 중간값에 기댈 수 없는 양극화, 단극화 시대에 우리는 어떻게 해야 할까? 뻔한 이야기지만 남과 다른 특별함을 갖추는 방법밖에 없다. 평균을 뛰어넘는 출중한 실력, 남다른 치열함을 갖춰야 한다는 말이다. 직장 생활을 하는 근로자라면 회사에서 우위를 점할 수 있는 실력자가 되어야 하며, 소비자에게 물건을 파는 기업이라면 꼭 필요하지 않아도 사고 싶게 만드는 특별한 수요 창출 능력이 필요하다.

"평범하면 죽는다. 근본부터 바뀌고 있는 산업의 지형도에 맞춰, 각자의 핵심 역량과 타깃을 분명히 하여 새로운 전략의 모색이 필요한 시점이다. 특별해야 한다. 평균을 뛰어넘는 남다른 치열함으로 새롭게 무장할 때

불황으로 침체된 시장에서 토끼처럼 뛰어오를 수 있을 것이다." (169p)

2023년의 키워드는 두 사자성어를 떠올리게 한다.

각자도생(各自圖生), 제각기 살길을 도모해야 하는 쉽지 않은 상황은 앞으로도 계속될 것이다. 교토삼굴(狡兔三窟), 세 개의 굴을 미리 파둔다는 교활한 혹은 지혜로운 토끼처럼 플랜B, 플랜C도 준비해두는 치밀함과 적극성이 더욱 필요한 때다.

이 서평에서는 양극화라는 키워드를 골라 서술했어요. 글의 분량이 부족하면 키워드를 하나 더 골라서 서술해도 좋습니다.

▽ **13일 차 서평 연습 : 경제경영서**

경제경영서 서평을 쓸 때는 아래 내용이 들어가도록 합니다.
- 저자 소개 및 책 정보
- 책에서 말하는 핵심 키워드
- 핵심 키워드를 보완하는 부연설명
- 책에 대한 나의 평가 혹은 견해

·· 그림책

그림책은 글과 그림 양쪽을 집중해서 읽어야 합니다. 그림이 글의 보조 역할을 한다고 생각하기 쉽지만 그림책의 그림은 글자 이상을 보여주는 역할도 합니다. 글자 없는 그림책에선 읽는 사람의 시선에 따라 완전히 새로운 이야기가 만들어지기도 하고요.

표지의 그림에서 이미 이야기가 시작된다

페이지 수가 적은 그림책에선 앞뒤 표지, 앞뒤 면지(표지를 펼치면 제일 먼저 보이는 페이지로 딱딱한 표지와 종이책을 이어주는 역할을 합니다)에도 작가의 숨겨진 의도가 있을 수 있습니다.

- 왜 이런 제목이 붙었을지 유추해보고,
- 표지와 제목이 어울리는지 생각해보고,
- 앞뒤 표지의 그림을 살펴보고,
- 앞뒤 면지에도 별도의 그림이 있다면 확인합니다.

이야기가 전개되는 사건, 발단이 되는 주제

어떤 사건, 주제가 중심이 되어 이야기가 전개되는지 살펴봅니다. 이때도 글자에만 집중하는 대신 그림의 색감, 주인공의 표정, 배경 그림까지 꼼꼼하게 같이 읽어주고요.

적용점 찾기

그림책은 '아이들이나 읽는 책'이라고 생각하기 쉽지만 어른들에게도 위로와 깨달음을 주는 장르입니다.

작디작은 완두라는 아이가 다른 이의 기준을 쫓는 대신 가장 자신에게 어울리는 일을 찾아 나선 여정을 그린 《완두》라는 그림책으로 서평을 적어보도록 하겠습니다.

서평 쉽게 쓰는 법

가장 나다운 것이 가장 창의적인 것

– 《완두》 다비드 칼리 글, 세바스티앙 무랭 그림, 진선아이

완두는 태어날 때부터 몸집이 아주 작은 아이였다. 엄마가 직접 완두의 옷을 만들어 입혔고, 인형 친구들의 신발을 신었을 만큼 말이다. 다른 보통 아이들처럼 책 읽기를 좋아하고 산책하기를 좋아하는 평범한 아이였지만 학교에 들어가며 이내 깨닫게 된다. 다른 아이들보다 훨씬 작은 탓에 책상도 맞지 않고, 밥 먹을 식기구도 들 수 없는 '평범하지 않은 아이'라는 사실을 말이다. 친구들과 다른 완두는 학교에서 늘 혼자 지내고 종일 그림을 그리면서 시간을 보낸다.

사회 생활을 경험한다는 건 아이들에게도 큰 용기가 필요한 일이다. 아이들은 '누가 나보다 더 키가 크고, 목소리가 크며, 계산도 척척 잘하는지' 금세 알아낸다. 내가 다른 아이들보다 잘 못하는 것이 있다는 걸, 나와 잘 어울리지 않는 곳이 있다는 걸 아이들은 쉽게 알아내고 주눅이 들기도 한다.

선생님은 생각했어요. '가엾은 완두, 이렇게 작으니 나중에 무엇이 될

까?' -《완두》중

작디작은 완두는 어떻게 되었을까? 선생님의 염려와 다르게 완두는 씩
씩하고 멋진 어른이 되었다. 특별한 예술가가 되어서 말이다.

완두가 보통의 아이들과 다른 자신을 인정하지 않고 오직 다른 아이들
만큼 커지는 데만 목표를 두었다면 과연 행복할 수 있었을까? 자신에
게 딱 맞는 그 일을 찾을 수 있었을까?

작디작은 완두였기에 완두만 할 수 있는 특별한 일을 찾은 것처럼 어쩌
면 우리를 가장 돋보이게 만들어주는 건 바로 '나답게, 나라서 할 수 있
는 일'이다.

나 자신에게 묻는다. 내가 아니라 남이 원해서 억지로 이 일을 하고 있지
는 않은지?
아이를 바라보며 묻는다. 아이의 장점은 고려하지 않은 채 네 본분은 공
부하는 거라며 윽박 지르지는 않았는지?
나의 나다움, 내 아이의 아이다움을 잊고 살지는 않았는지 말이다.

서평 쉽게 쓰는 법

▽ 14일 차 서평 연습 : 그림책

그림책으로 서평을 적어볼까요?

- 표지의 그림, 제목이 붙은 이유를 유추해봅니다.
- 그림책엔 저자 정보가 자세히 실리지 않은 경우도 많습니다. 그럴 땐 인터넷에서 저자명을 검색해봐도 좋습니다.
- 그림책은 글만큼이나 그림이 중요한 책입니다. 눈으로만 쓱 보고 지나치는 부분이 없도록 꼼꼼하게 장면을 봅니다. 그림의 색감과 분위기도 같이 눈여겨보는 것이 좋습니다.
- 글의 마무리엔 적용점, 해석을 넣습니다.

03.

이럴 땐 이렇게
써보자고요

≡

학교 도서관을 이용하는 학생 혹은 동네 도서관을 이용하는 주
민들을 위해 책을 소개하는 짧은 글을 써보겠습니다.

책을 소개하는 글을 써야 하는
사서 선생님들을 위한 예시

사실 서평보다는 '책 소개'라는 표현이 더 어울릴지도 모르겠
어요. 책을 소개하는 글에는 '이 책을 소개하게 된 이유, 줄거리
요약, 이 책에서 눈여겨보면 좋을 점'이 들어가겠지요. 글을 쓰는
목적은 '아, 저 책 읽고 싶다'라는 마음이 들게 하는 거고요. 글자
수는 공백 포함 400~500자 내외로 짧은 소개 글을 쓰는 연습을
해보겠습니다.

▶ 그림책 소개 글

샤를로트 문드리크의 《무릎 딱지》라는 그림책의 표지부터 볼까요.

아이는 무릎의 상처를 보며
무슨 생각을 하고 있을까요?

빨간색 표지의 가운데에 어린 남자아이가 소파에 앉아 있어요. 무릎에 난 상처를 지긋이 바라보면서요. 측면만 보여지는 그림이라 이 아이의 표정까지는 읽히지 않지만 상처에서 피가 나는 걸 보니 분명 아플 거예요. 왜 상처를 치료하지 않고 가만히 바라보고만 있을까 의문이 들죠. 이 책은 엄마의 죽음을 인정하지 못하던 아이가 할머니와의 대화를 통해 이별을 이해하고 받아들이는 과정을 그려냅니다.

서평 쉽게 쓰는 법

글을 쓸 때 혹은 말을 할 때 가장 중요한 건 '대상이 누구인가' 입니다. 이 짧은 글을 읽게 될 친구들이 초등학교 저학년 학생이라면 단문 위주로, 함축적인 문장보다는 직관적인 문장으로, 어렵지 않은 단어들을 조합하여 써야겠지요.

초등학교 저학년 학생을 주요 독자라고 상정하고 글을 적어볼까요? 글을 적기 전에 이런 점을 고려해보면 좋겠습니다.

- 흥미 유발 : 왜 제목이 무릎 딱지일까? 표지 그림은 뭘 의미하는 걸까?
- 요약 설명 : 죽음이라는 주제를 친구들에게 어떻게 설명할 수 있을까?
- 생각 유도 : 절망적인 상황에서 어린 친구는 어떻게 희망을 발견했을까?

《무릎 딱지》 샤를로트 문드리크, 한울림어린이

친구들은 가까이에 있던 사람을 먼저 하늘나라로 보낸 경험이 있나요? 할머니나 할아버지가 돌아가신 경험을 한 친구도 있을 거예요.

이 책의 주인공은 다른 사람도 아닌 사랑하는 엄마를 잃었어요. 하지만 그 사실을 인정할 수 없었죠. 엄마 냄새가 사라지지 않도록 집 안의 창문들도 꼭꼭 닫아버렸어요. 마당을 뛰어다니다 넘어져서 생긴 상처가 딱지가 되자마자 손톱으로 뜯어내기도 했고요. 조금이라도 아프면 엄마의 목소리가 들려오는 것 같아서요. 딱지를 뜯을 땐 너무 아팠지만 아프면 엄마 목소리를 다시 들을 수 있었거든요.

그런데 할머니가 아이에게 아주 중요한 사실을 알려주셨어요. 엄마가 어디에 있는지 말씀해주셨거든요. 과연 엄마가 어디 있다는 걸까요? 그리고 아이는 힘든 마음을 어떻게 이겨냈을까요? 친구들도 이 책을 같이 읽고 선생님한테 답을 알려줄래요?

이번엔 동네 도서관을 이용하는 성인 독자를 상정하고 글을 써보겠습니다. 책을 집어들어 읽을 만한 요소를 넣어주는 점은 어린이 독자와 별반 다르지 않을 것 같습니다.

2021년에 출간되어 80만 부가 판매된 베스트셀러 《불편한 편의점》 1권을 소개하는 글을 예시로 써볼까요?

서평 쉽게 쓰는 법

▶ 성인책 소개 글

- 흥미 유발 : 책에서 흥미로웠던 문장을 발췌해서 넣어보면 어떨까요?
- 요약 설명 : 책의 줄거리를 짧게 요약해서 넣습니다.
- 생각 유도 : 같이 생각해보면 좋은 질문 거리를 넣어봅니다.

《불편한 편의점》김호연, 나무 옆 의자

"밥 딜런의 외할머니가 어린 밥 딜런에게 이렇게 말했다고 해요. 행복은 무언가 얻으려고 가는 길 위에 있는 것이 아니라 길 자체가 행복이라고. 그리고 네가 만나는 사람 모두 힘든 싸움을 하고 있기 때문에 친절해야 한다고." (140p)

정년퇴직한 교사 염 여사의 파우치를 노숙자 독고가 찾아주면서 이야기는 시작됩니다. 염 여사는 남편의 유산으로 청파동에 작은 편의점을 운영중이지만, 종업원들의 월급을 주고 나면 남는 게 거의 없는 수준입니다. 그 편의점에 노숙자 독고가 종업원으로 들어오며 편의점 분위기는 미묘하게 바뀌는데요, 대체 무슨 일이 일어나는 걸까요?

왜 책의 제목은《불편한 편의점》일까요? 그리고 독고는 어떤 사정으로 서울역의 노숙자가 되었을까요?

2021년 대형 베스트셀러였던 이 책은 《불편한 편의점 2》라는 후속작도 출간되었습니다.

책의 분위기를 소개하고 싶을 때도, 강조하고 싶은 한 문장을 넣고 싶을 때도 책 속 문장을 발췌문으로 넣어주면 좋습니다. 짧게 줄거리를 소개하고 퀴즈를 풀 듯 답을 간단히 유추할 수 있는 질문도 넣어주면 좋겠죠. 마지막줄엔 이 책이 대중적으로 많이 읽힌 베스트셀러였던 점을 밝혀주었는데요, 이런 질문도 넣을 수 있을 것 같습니다.

80만 부라는 경이로운 판매 부수를 자랑한 책입니다. 어떤 이유로 많은 사람들의 선택을 받았을까요?

사실 이 책은 중반부까지 굉장히 흡입력 있게 읽히다 마지막에 독고의 정체가 밝혀지며 살짝 김이 빠진다는 독자 리뷰가 많았습니다. 이 부분을 책 소개에 넣어보면 재미있지 않을까요?

재미, 감동, 읽기 쉬운 난이도까지 인기를 얻을 만한 요소를 두루두루 갖춘 책. 다만 독고의 정체가 밝혀지는 순간 '어디선가 많이 본 진부한 드라마' 같은 느낌이 들어 살짝 김이 빠지더군요. 다른 독자분들의 의견도 궁금합니다.

사실 사서 선생님들께서 책을 소개하고 읽어볼 수 있도록 동기 부여하는 글을 쓰실 땐 비평까지 넣기가 쉽지 않습니다. 그럴 땐 아쉬웠던 점을 가볍게 적어주는 방법도 있습니다.

공짜 책을 받아 기한 내 써야 하는 ──────── 초보 서평러를 위한 예시

A씨는 얼마 전에 출판사에서 서평단 책을 무료로 제공 받았습니다. MZ세대 사이에서 미라클 모닝이 열풍이라 나도 한번 해볼까? 싶은 생각이 들던 참에 《나의 하루는 4시 30분에 시작된다》라는 책을 받은 거죠. 세상에 공짜는 없는 법! 출판사에서는 2주 내로 반드시 본인의 블로그와 인터넷 서점 두 곳에 서평을 올려

달라고 했고, 글을 쓸 때 넣어야 할 필수 태그도 알려주었습니다.

　서평은 자유 형식으로 쓰면 된다고 했지만 A씨는 서평을 거의 써본 적이 없어 막막합니다. 서평을 잘 썼다고 출판사에서 원고료를 받는 것도 아니고 못 쓴다고 보내준 책을 회수해가지도 않겠지만 A씨는 잘 쓰고 싶은 욕심이 생깁니다.

　A : 2주 안에 책을 다 읽고, 서평까지 쓰려면 너무 바쁠 것 같아요. 사실 한 달에 책 한 권 읽기도 쉽지 않거든요.

　어흥이 : 맞아요. 바쁜 일정에서도 읽고 쓰기에 도전하신 자체가 대단합니다.

　A : 일단 책부터 부지런히 읽어야겠어요. 서평 잘 쓰기 위한 독서 팁도 있을까요?

　어흥이 : 있지요. 책 읽을 때 밑줄을 긋든 인덱스를 붙이든 표식을 하면서 읽으세요. 그래야 서평 쓸 때 막막하지 않답니다.

　A : 저는 읽다가 좋은 문장이 나오면 모서리를 접어두기만 했었는데… 밑줄 긋기도 해봐야겠네요.

　어흥이 : 서평 쓰기 사전 작업이라고, 이렇게 한번 해보세요.

　　　　　　　　　　　　　　　　서평 쉽게 쓰는 법

우선 3색 볼펜이랑 포스트잇을 준비하시고요. 빨간색
은 저자가 강조하는 부분에 그으세요. 반복해서 말하
거나, 목차에 나와 있을 수 있어요. 파란색은 서평에
넣을 발췌문, 내용 요약이 필요한 곳에 그으세요. 녹
색은 나에게 인상적이었던 부분, 개인적으로 적용하
고 싶은 문장에 그을 거고요. 별도로 작가에게 질문하
고 싶은 점, 내 생각과 다르다 싶은 점에도 따로 표시
를 해두세요.

A : 내 생각과 다르다 싶은 점에 왜 굳이 밑줄을 긋는 걸까요?

어흥이 : 그 부분이 서평의 중요 요소인 비평이 될 수 있거든요.
우리가 책을 읽을 때 조심해야 할 부분이 있어요. 바로
저자의 권위에 굴복하지 않기예요. 전문가이거나 유
명한 저자일 경우 내용 비판 없이 그대로 수용할 확률이
높아요. 저자가 하는 말이 다 옳지는 않다는 전제로 따
지면서 읽는 거죠.

처음부터 '비평한다'고 생각하면 어려우니까 '동의
되지 않는 점을 찾는다'는 마음으로 표식을 해두세
요. 그 부분 중 '객관적인 이유를 들어 따질 수 있는

곳'이 우리의 비평 요소가 됩니다.

A : 와, 책 읽기부터 만만치 않은 작업이 될 거 같은데요?

어흥이 : 맞아요. 책을 제대로 읽는다는 건 쉽지 않은 일이에
요. 그리고 책 읽으면서 또 하나 할 일이 있어요. 큰 장
을 읽을 때마다 잠깐 책을 덮어두고 각 장의 내용을
요약해서 포스트잇에 적는 거예요.

서평 쓸 때 책 내용을 요약해서 넣어야 하는데, 사실 요
약하기가 쉬운 작업이 아니거든요. 요약을 거의 해본
적이 없어 그것도 좀 막막하다 싶으면 '그 장의 핵심 키
워드, 핵심 키워드를 설명해줄 문장 고르기' 이렇게 약
식으로라도 해보세요. 그러면 나중에 서평 쓰기가 훨씬
편해질 거예요.

A : 네, 삼색 볼펜으로 밑줄 긋기랑, 각 장의 핵심 키워드, 발췌
문장 고르기부터 읽으면서 우선 적용해 보겠습니다. 일주일
후에 다시 연락드릴게요.

서평 쉽게 쓰는 법

〈일주일 후〉

어흥이: 책은 다 읽으셨어요? 밑줄 긋고 요약하기도 하면서 읽
으니까 어떠셨어요?

A: 좋았던 점은 밑줄을 그으며 읽으니 집중도가 높아지더라고
요. 어디가 중요한 곳인가 계속 생각하면서 읽게 되고요. 큰
장마다 요약하려고 하니, 읽다가 흐름이 끊기는 점은 좀 불
편했어요. 모처럼 화력이 붙어서 쭉 읽고 싶은데, 독서를 잠
깐 멈추고 요약하기를 하려니 귀찮기도 했고요.

어흥이: 책을 읽은 전체적인 느낌은 어떠셨어요? 개인적으로
적용해보고 싶은 점은요?

A: 사실 미라클 모닝을 실천하는 아주 특별한 비법이 있진 않
았어요. 저는 미라클 모닝으로 철저한 시간관리를 한 덕에
미국 변호사까지 된 모양이라고 짐작했는데요. 책을 읽고
나선 생각이 바뀌었어요. 미라클 모닝 덕분에 저 스트레스
를 이겨냈구나 싶어요. 그래서 이 문장을 발췌하고 싶어서
밑줄을 쳤어요.

"사람들은 내가 무언가를 더 하기 위해 4시 30분에 일어난

다고 생각하지만 사실 나에게 새벽은 극한으로 치닫는 시간이 아니라 잠시 충전하는 휴식 시간이다. 즉, 새벽 기상은 그 자체로 열심히 사는 방법이라기보다 계속 열심히 살기 위한 수단이다."(31p)

어흥이 : 저도 미라클 모닝은 생산성을 최고조로 올리기 위해 하는 거라고 생각했는데 새로운 발상인데요? 그럼 이걸 주제로 삼아서 서평을 써보면 어떨까요?

'미라클 모닝은 목표 달성이 아닌 충전을 위한 시간이다' 이 주제를 뒷받침할 만한 책의 내용이 있나요?

A : 새벽 시간을 어떻게 써왔는지 설명하는 부분이 흥미로웠어요. 새벽 시간은 '보너스 타임'이라고 생각하기에 실패해도 상관없다는 마음으로 일해보고 싶은 로펌에 직접 지원서를 제출해본 거죠. 크게 기대하지도 않았는데 두 곳에서 일해보자는 회신을 받아 좋은 경력을 쌓을 수 있었대요.

새벽을 평소에 하기 힘든 일을 도전하는 시간으로 삼은 점도 인상적이었어요. 저자가 꾸준히 새벽마다 하던 또 다른 일이 있는데 영상 편집이었대요. 영상 편집을 전혀 모르는 채로 편집 프로그램을 구입해서 새벽마다 꾸준히 그냥 영상

서평 쉽게 쓰는 법

을 찍고 편집해서 유튜브에 올리기 시작했는데, 지금은 20만 구독자를 가진 유명 유튜버가 됐죠. 덕분에 이렇게 베스트셀러를 출간했고요.

어흥이: 생각만 했던 일을 새벽 시간에 도전해봤더니, 결과까지 좋았던 거네요? 저자 소개를 서평 안에 어떻게 넣으면 좋을지 고민해보시고요. 책 날개 부분에 상세히 적혀 있으니, 꼼꼼히 읽고 요약하면 좋을 것 같아요.

책의 큰 장마다 어떤 내용이 있나요?

A : 1장 '새벽은 배신하지 않는다'는 왜 새벽 기상을 시작하게 되었는지, 2장 '4시 30분, 새로운 나를 만났다'는 새벽 기상 팁이 나와 있고, 3장 '내가 조금씩 성장하는 방법'은 미라클 모닝을 통해 내가 성장하는 방법에 대해 적혀 있어요. 마지막 4장 '인생을 바꾸는 모닝 플래너'는 저자가 특허 등록을 했다는 플래너의 사용 방법에 대해 적혀 있어요.

나눈 대화를 바탕으로 서평을 이렇게 적어보면 어떨까요? 저자 소개, 책 소개, 책 내용 요약, 앞서 정한 서평 주제를 풀어주는 식으로 써보는 겁니다.

새벽은 목표 달성이 아닌 충전을 위한 시간이다

《나의 하루는 4시 30분에 시작된다》 김유진, 토네이도

몇 년째 새벽 기상이 열풍이다. MZ세대의 갓생 살기(God와 人生을 합한 신조어로 매일 치열하게 자기계발을 하고 근면성실하게 살아내는 것을 의미한다)에 더욱 불을 지핀 이가 있으니 바로 이 책의 저자 김유진 변호사다.

책의 1장에는 저자가 새벽 기상을 하는 이유, 2장에는 새벽 기상을 잘하기 위한 깨알 같은 노하우, 3장에는 새벽 기상으로 성장하는 법, 4장에는 저자가 특허 등록을 했다는 플래너 적는 법이 적혀 있다.

초등학교 2학년 때 뉴질랜드로 이민을 간 그녀는 미국 로스쿨을 졸업하고 2개 주의 변호사 자격증을 취득했으며 현재는 한 기업의 사내 변호사로 활동중이다. 여기까지만 들으면 '초엘리트의 흔한 자기계발서'려니 싶을 것이다. 하지만 어렸을 때 말도 통하지 않는 외국에서 혼자 생활하며 겪은 스트레스와 외로움, 어려운 공부를 마치고 미국에서 변호사 자격증을 따내기까지 그녀를 지켜준 건 다름아닌 '새벽 시간'이었다고

서평 쉽게 쓰는 법

한다.

새벽 시간이 그녀를 지켜주었다는 건 어떤 의미일까?

신장과 체격에서 비교가 되지 않는 뉴질랜드인들 사이에서 수영 선수로 활동하던 그녀에게 새벽은 선천적 불리함을 인정하고 그저 할 수 있는 연습에 매진하는 시간이었다. 변호사 시험 직전 심한 우울증과 불안 증세를 겪던 그녀에게 새벽은 유일하게 운동할 수 있는 시간이자 탈출구였다.

새벽은 바쁜 일상 때문에 평소에 도전해보지 못했던 일들을 소소하게 도전해보는 시간이기도 했다. 그녀는 새벽 시간을 이용해 영상 편집을 배우기 시작했고, 실제로 유튜브 채널에 영상을 올리면서 현재는 20만 구독자를 가진 유명 유튜버가 되었다.

"사람들은 내가 무언가를 더 하기 위해 4시 30분에 일어난다고 생각하지만 사실 나에게 새벽은 극한으로 치닫는 시간이 아니라 잠시 충전하는 휴식 시간이다. 즉, 새벽 기상은 그 자체로 열심히 사는 방법이라기보

다 계속 열심히 살기 위한 수단이다."(31p)

저자는 새벽은 '내가 주도하는 시간'이며 그 밖의 시간은 '운명에 맡기는 시간'이라고 말한다. 내가 일어나기만 하면 얼마든지 누릴 수 있는 나만의 시간이기 때문이다.

그녀의 책을 읽으며 나의 새벽 기상은 왜 좀처럼 습관이 되지 않는 걸까 생각해봤다. 단순히 의지력이 약하고 간절함이 부족해서라고 생각했지만 아니었다. 나는 한 번도 새벽 기상의 정의를 내려보지 않았다.

- 나는 왜 새벽 기상이 필요한 걸까?
  : 운동할 시간이 필요하다. 건강하고 날씬한 내가 되고 싶다.
- 그럼 어떻게 운동을 할 건가?
  : 우선 집에서 스테퍼로 꾸준히 실내 운동을 하겠다. 날이 좀 더 풀리면 동네 수영장도 알아볼 생각이다.
- 만약 새벽 기상을 못해서 운동을 못한 경우는 어떻게 하나?
  : 점심시간에 계단 오르기로 대체 운동을 하겠다.

새벽에 운동을 하지 않는다고 해서 당장 불편한 일이 생기지는 않는다. 아무도 나에게 새벽에 일어나라고 강요하지도 않는다. 그래도 나는 새벽에 일어나기로 선택했다. 하루 중 딱 한 시간만이라도 내가 주도하는 시간을 갖고 싶다. 나에게 덤으로 주어지는 시간을 제대로 활용해보고 싶다.

책에서 저자가 몇 번이나 강조하는 건 기상 시간보다 취침 시간이 중요하다는 거다. 수면 시간이 확보되어야 꾸준히 오래할 수 있다고 말한다. 사실 이른 취침이 더 어려울 것 같다는 생각이 들지만 오늘 저녁부터 11시 취침에 도전해보련다. 이제부터 나의 하루는 5시에 시작된다.

단순한 정보 제공을 넘어 한 차원 높은 서평 쓰기를 하고 싶다면

서평 쓰기가 익숙하지 않은 독자라면 우선, '충실한 책 정보 제공'에 주안점을 두고 제가 말씀드린 요소를 넣어서 쓰면 됩니다.

어느 정도 서평 쓰기가 익숙해진 분이라면 '내 서평의 주제를 무엇으로 할 것인가?'를 고민해보세요. 서평에 주제를 넣으면 단순한 책 소개, 개인적인 감상을 넘어 새로운 관점을 제시하는 글을 쓸 수 있으니까요.

★☆☆ 요약정리

각 장르별로 서평을 쓸 때 알아둡시다.

1. 에세이 : 제목의 의미를 유추해보고, 저자 정보, 밑줄 긋고 싶은 문장을 발
   췌문으로 넣기
2. 소설 : 주인공 소개와 등장인물과의 관계, 시대배경 설명을 줄거리 요약 안
   에 넣기
3. 자기계발서 : 저자 소개, 책에서 주장하는 핵심 키워드, 개인적인 적용점을
   적기
4. 경제경영서 : 저자 소개, 책에서 주장하는 핵심 키워드, 더불어 책에 대한
   평가를 적기
5. 그림책 : 제목, 그림이 의미하는 내용을 유추해보고 이야기가 전개되는 주
   제를 찾아보기

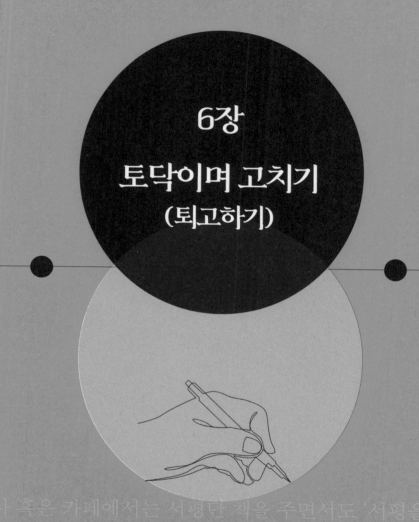

6장
토닥이며 고치기
(퇴고하기)

사 혹은 카페에서는 서평단 책을 주면서도 '서평을 어떻
물론 우리가 쓴 독후감 내지는 서평을 제대로 봐준 사람
을 읽고 기록으로 남겼습니다 처음엔 어떻게 쓸지 막막
문장 쓰기가 막막하면 이렇게 하면 되겠구나." 소설 서
다."경제경영서엔 목차에 중요한 키워드가 더 들어가

01.

퇴고할 때
봐야 할 것들

글쓰기 모임을 진행하고 백 편에 가까운 초고를 읽으며 느낀 점은 딱 하나입니다. 못 쓴 글은 없다, 퇴고를 하지 않은 글만 있을 뿐!

정말 신기하죠. 그 사람이 가진 성정이 글에도 그대로 묻어 나오더라고요. 한없이 신중하고 조심스러운 분은 처음부터 쓰고 고치고를 반복합니다. 퇴고를 해도 크게 고칠 부분이 없을 때도 있더라고요. 이미 쓰면서 다 고쳐둔 거죠.

그런가 하면 헤밍웨이의 말마따나 아무리 '초고는 걸레'라지만 이렇게 거침없이 손 가는 대로 쓰실 수 있나 싶은 마음이 드는 글들도 있어요. 워드나 한글 프로그램에 맞춤법, 띄어쓰기가 틀려 있으면 빨간색 물결 표시가 나타나죠. 한 페이지 전체가 빨간 파도로 일렁이는 글을 마주하노라면 숨이 살짝 막혀옵니다.

그럴 땐 이렇게 말씀을 드려요.

"선생님, 글이 전환되는 단락마다 엔터만 다시 쳐서 보내주실래요?"

그러면 엔터를 치기 위해 글을 읽으며 자연스럽게 맞춤법도 다시 한 번 점검하게 되고, 이 과정만으로도 훨씬 정돈이 됩니다.

서평 퇴고할 때 고려할 점을 하나씩 점검해볼까요?

책에 대한 객관적인 정보가 들어갔는지?

서평의 존재 목적이 책에 대한 객관적인 정보를 주는데 있는 만큼, 제일 고려해야 할 점입니다.

- 저자 소개는 들어갔는지?
- 책 한 권의 내용이 이해될 만한 줄거리 요약이 들어갔는지?
- 저자가 중요하게 강조하는 키워드가 포함되어 있는지?

책을 읽고 난 이후의 내 감상을 위주로 쓰는 독후감과 서평의 가장 큰 차이를 가르는 것이 '책에 대한 정보를 담고 있느냐'라고 말씀 드렸죠. 독자가 읽을 만한 정보가 편중되지 않게 잘 들어갔는지 확인해보시기 바랍니다.

서평에 '주제'가 들어가 있는지?

모든 글에는 담고 있는 주제가 있습니다. 서평도 마찬가지예요. 내 서평에 '어떤 주제'를 담아 썼는지를 알 수 있어야 합니다.

소설《칼의 노래》의 서평을 쓸 생각이라면 이렇게 주제를 잡아볼 수 있겠지요. '성웅 이순신이 아닌 외롭고 처절했던 인간 이순신의 내면을 그려보자'라고요. 나무 박사 우종영씨의《나는 나무처럼 살고 싶다》를 읽었다면 '나무에게서 배우는 삶의 본질과 지혜'라고 주제를 정할 수 있겠지요.

첫 단락에서 책을 소개하는 글을 썼다면 그 다음 단락에는 어떤 주제를 담아 이 서평을 이어갈 것인지 고민해봅시다.

누구나 읽기 쉬운 글로 썼는지?

추상적인 표현, 어려운 단어를 담아 멋만 잔뜩 부리진 않았는지 점검해봅니다. 제가 글을 쓸 때 강조하는 부분인데요. 글은 15살짜리도 이해할 수 있도록 쉽게 쓰는 게 기본입니다. 주제를 명확하게 쉽게 쓰는 게 얼마나 힘든지 글 써본 분들은 아실 겁니다.

02.

퇴고하기
팁

서평의 내용을 점검했다면, 이제 겉으로 보이는 오탈자도 한 번씩 교정을 봐야겠죠.

단어, 문장 교정하기

기본적으로 한글이나 워드 프로그램에서 제공하는 '맞춤법 및 문법 검사' 기능으로 1차 오탈자 점검을 합니다. 무료로 제공하는 오탈자 프로그램을 사용할 수도 있어요. '네이버 맞춤법 검사'는 네이버 화면에서 500자 이내로 바로 검사가 간편한 장점이 있습니다. '부산대 맞춤법 검사기'(http://speller.cs.pusan.ac.kr/) 사이트도 활용해보세요. 단순 오탈자 뿐 아니라 문법적으로 이상한 부분도 교정해줍니다. 왜 교정이 필요한지 상세 설명도 볼 수 있어요.

문장은 주어와 서술어가 맞게 호응이 되는지만 검토해도 비문 (非文)을 상당 부분 줄일 수 있습니다.

_____ 문단, 글 전체 맥락 검토하기

단어와 문장을 검토했다면 이번에는 문단과 글 전체의 연결이 자연스러운지 점검합니다.

이 부분들을 고려하여 검토하면 좋겠습니다.

- 저자가 중요하게 여기는 키워드와 부연설명이 잘 되어 있는지
- 발췌문은 맥락에 맞는 내용으로 삽입이 되어 있는지
- 저자 및 책 소개 → 저자가 강조하는 키워드 → 해석 및 부가 설명
  → 비평 순으로 글이 자연스럽게 연결되는지
- 비평하려는 주장은 객관적이고 논리적인지

서평 쉽게 쓰는 법

▽ 15일 차 서평 연습 : 퇴고하기

내가 쓴 서평을 다시 읽어보면서 퇴고해봅시다.

- 오탈자는 없으며 글의 흐름은 자연스러운가요?
- 객관적인 책 소개, 저자 소개가 있나요?
- 서평에서 말하고자 하는 주제가 나와 있나요?

★☆★ 요약정리

퇴고할 때 유의하며 살펴보자.

1. 문단 및 글 전체의 맥락은 자연스러운지?
2. 책에 대한 객관적인 정보가 들어갔는지?
3. 단순 책 정보를 넘어 서평 안에 주제가 담겨 있는지?
4. 누구나 읽기 쉬운 글로 썼는지?

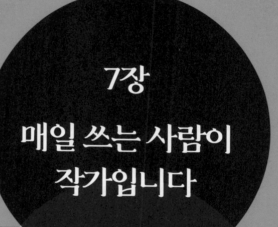

7장

매일 쓰는 사람이
작가입니다

사 혹은 카페에서는 서평난 책을 주면서도 '서평을 어떻
후론 우리가 쓴 독후감 내지는 서평을 제대로 봐준 사람
을 읽고 기록으로 담겼습니다. 처음엔 어떻게 쓸지 막막
ㄴ 문장 쓰기가 막막하면 이렇게 하면 되겠구나.' 소설
나 "경제경영서엔 목차에 중요한 키워드가 다 들어가

01.

이것만 지켜도
글쓰기 레벨 업!

≡

글쓰기 모임을 진행하며 다양한 분들을 만났습니다. 완벽주의 기질을 가진 분은 글을 다 쓴 후에도 본인 성에 차지 않아서 책이 나온 걸 비밀에 부치기도 했고요. 너무 글이 허술해서 퇴고 몇 번 더 했으면 좋겠다고 생각하는 분은 엉성한 채로 솔직하게 글을 공개하시더라고요. 어느 쪽이 더 옳다, 그르다 판단할 수는 없을 것 같습니다.

필력의 문제가 아니다

너무 잘 쓰려고 애쓰실 필요도 없는 것이 애쓰는 마음, 그 반의 반만큼도 글이 안 써집니다. 글은 애씀이 아니고 딱 내 사유만큼 경험만큼 밖에 안 써져요.

저도 처음엔 필력의 문제라고 생각해서 부지런히 문장을 수집했답니다. 읽기만 해도 가슴이 멎을 것 같은 문장을 수첩에 베껴 쓰고, 사진으로 찍어두었어요. SNS에 글을 쓸 기회가 생기면 '있어 보이게' 그 문장도 글 중간중간에 인용해주면서요.

그런데 남의 문장을 베껴 쓰다 정작 내 안에 쓸 이야기가 많지 않다는 걸 깨달았어요. 그 생각은 두 번째 책《서른의 용기》라는 자기계발 에세이를 쓰면서 뼈저리게 느꼈는데요. '마흔이 된 제가 서른이었던 저에게 들려주는 이야기'라는 편지글 컨셉으로 글을 쓰기 시작했지만 생각만큼 술술 써지지 않더라고요. 마흔이래 봤자 아직 인생 경험이 많지 않으며 한 직장을 너무 오래 다녀 타성에 젖어버린 탓이죠. "정말 치열하게 살아본 적 있어?"라는 질문에 스스로 답을 못하겠더라고요. 내가 끝까지 파고들어 경험해보지 못한 걸 쓰려니 반쪽짜리 글처럼 느껴졌어요.

그 뒤로 몇 년간 책쓰기를 위한 글은 쓰지 않았습니다. 절대적으로 인풋이 필요한 시간이라는 생각이 들었거든요. 그 어느 때보다 다양하고 많은 책들을 읽고, 부지런히 서평을 남기며 다시 아웃풋 할 날을 기다렸죠.

누군가 시간을 들여 읽어줄 수 있는 가치 있는 경험과 이야기거리가 내 안에 있는가가 필력보다 훨씬 중요합니다.

그럼 이렇게 물으실 수 있을 것 같아요.

"나는 너무 평범해서 가치 있는 경험이란 게 없는데요?"

누구나 죽음의 고비를 넘기고 삶의 전환점을 맞는 것도 아니며, 어마어마한 성실함을 무기로 자산을 열 배로 불리는 경험을 할 수 있는 것도 아니고, 모두가 부러워하는 전문직업을 가진 것도 아닙니다. 그 분들이 쓴 글들은 유명세를 타고 베스트셀러가 되어 팔리기도 합니다.

대신 우리는 '솔직하게' 쓸 수 있어요. 육아하면서 느낀 외로움, 직장에서 느끼는 위기감, 생활비를 한 푼이라도 아끼려고 내가 실천하는 방법을 솔직하게 글로 남겨보세요.

세상에서 제일 재미없는 글이 뭔지 아세요? 적당히 가리고 적당히 솔직한 글입니다. 신기하게 읽는 사람은 그걸 바로 알더라고요. 적당히 가려서 애매한 글은 재미없어서 오래 읽기도 힘듭니다. 내가 가진 경험이 미천하다면 솔직하게라도 쓰세요. 어설프게 있는 척하지 말고요.

사람마다 말버릇이 있듯, 글버릇도 있어요. 유난히 내가 자주 쓰는 표현, 단어가 있는데 정작 본인은 잘 모릅니다. 저의 글버릇은 끝까지 안 쓰고 중간에 문장을 끊는 거예요. '앞으로는 이렇게 하지 말아야겠다'라는 문장을 '앞으로 이렇게 하지 말 것' 이런 식으로 쓰는 거죠. '~것 같다'는 표현도 자주 씁니다. 자주 쓴다는 걸 알면서도 계속 쓰는 걸 보면 이것도 중독인 걸까요.

그래서 내 글을 봐주는 사람이 필요합니다. 제3자의 눈으론 금방 보이거든요. 같이 읽고 쓰고 합평을 해주는 사람들이 있으면 글쓰기 실력이 눈에 띄게 늡니다. 그 분들이 매의 눈으로 '내 글버릇'을 지적해줄 거예요.

장문은 글 좀 쓴다는 전제 하에 OK!

모든 글쓰기 수업에서 단골 주제처럼 하는 이야기가 "문장은 짧게 써라"입니다. 문장이 길어질수록 비문이 될 확률이 높아지고 읽는 사람의 집중도가 떨어집니다.

저도 함께 글 쓰는 분들에게 한 문장이 세 줄 이상 넘어가지 않도록 주의하라는 말씀을 자주 드립니다. 단문으로 쓰면 여러 가지 장점이 있어요. 문장이 짧아서 몰입도 있게 읽히고, 글에 긴장감을 준다는 점이죠. 그렇다고 모든 사람이 글을 단문으로 쓰진 않습니다. 장문이 주는 아름다움과 개성이 분명 있거든요. 하지만 내가 필력으로 좀 알아주는 사람이 아니라면 단문 위주로 쓰는 걸 추천 드립니다. 단문 위주로 쓰되 힘을 주고 싶은 부분은 한 번씩 장문으로 쓰는 것도 좋고요.

아직은 장문 단문 따질 때가 아니다 싶으면, 이것만 기억하세요. 한 문장엔 한 주제만 담아서, 세 줄 이상 넘어가지 않도록, 주어와 서술어 호응이 맞는지, 이 세 가지만 적용해도 전달력이 좋은 문장을 쓸 수 있답니다.

02.

매일 하기 좋은
글쓰기 루틴

이번엔 부담스럽지 않게 매일 글쓰기를 할 수 있는 방법들을 소개해보겠습니다.

일기 쓰기

글쓰기가 부담스러운 분들께 제일 추천 드리는 건 '일기 쓰기'입니다. 일기 쓰기는 가장 사적인 기록이지만 사적인 기록도 차곡차곡 남겨두면 공적인 기록이 될 수도 있답니다.

저는 어제 점심에 뭘 먹었는지 누가 물어보면 한참 생각해야 하지만, 지난해 3월 12일에 무슨 일이 있었냐고 물으면 금방 대답해 줄 수 있어요. 코로나 3차 백신 접종을 하고 재택근무를 했던 모양인지 "재택은 정말 좋은 것이여…"라고 일기장에 적었네요.

저는 작년부터 '5년 다이어리'를 쓰고 있어요. 5년간의 제 관심사, 성장 기록을 한눈에 볼 수 있어 매력적이더라고요. 게다가 4줄 이내로만 쓸 수 있어서 많이 채워야 하는 부담도 없습니다. 꾸준히 기록은 하고 싶지만, 많이 쓸 자신은 없는 분들께 '5년 다이어리'를 추천드립니다.

_____ 네이버 블로그씨 질문에 답하기

블로그의 챌린지 프로그램을 클릭하면 매주 화/목/금요일에 배달되는 블로그씨의 질문에 답을 할 수 있답니다. 너무 철학적이거나 사색적인 질문이 아니라 간단히 답할 수 있는 질문들이 많아요. '블로그씨 질문에 답하기'를 클릭하면 내 블로그로 바로 연동이 되어 글을 쓸 수 있고 핫토픽으로 선정된 글은 일정 기간 추천으로 뜹니다.

일기장을 벗어나 공개된 공간에 글쓰기를 처음 시작하고 싶은 분들께 추천 드리고 싶은 방법입니다.

　　　　　　　　　　　　　　　　서평 쉽게 쓰는 법

네이버 블로그씨 질문에 답해봅시다.

네이버 블로그 미션위젯 이용하기

　미션위젯은 두 가지 종류로 나뉩니다. 하나는 전문가가 되고 싶은 분야를 정해 꾸준히 글을 올리는 '마스터 위젯'이고, 또 다른 하나는 습관 형성을 위해 100일 동안 꾸준히 인증하는 글을 올리는 '100일 위젯'입니다. 글쓰기 습관을 들이고 싶다면 100일 위젯부터 도전해보시길 추천드려요.

　정해진 카테고리대로 다이어트, 운동, 절약을 실천해볼 수도 있고, 내가 100일간 꾸준히 실천할 미션을 직접 정해보는 것도 좋습니다.

　저는 '감사 일기'와 '미라클 모닝' 인증을 100일 동안 한 번도 빠뜨리지 않고 실천해 두 개의 위젯을 블로그에 걸어두었습니다.

《아주 작은 습관의 힘》의 저자 제임스 클리어는 정체성에 대해 이렇게 정의합니다. 정체성(identity)이라는 말은 '실재하다'라는 의미의 라틴어 'essentitas'와 '반복적으로'를 뜻하는 'identidm'에서 파생된 말이라고요. 즉 어떤 행위를 반복할수록 그 행위와 연관된 정체성은 계속 강화된다고 합니다.

매일 꾸준히 하는 것이 내 정체성을 만듭니다. 매일 꾸준히 운동하며, 책을 읽으며, 감사 일기를 쓰며, 짠테크를 하며, 새벽 기상을 하며 사진을 찍어두고 그 과정을 블로그에 기록으로 남겨두세요. 반복하는 것이 결국 나를 만든다는 걸 경험하실 거예요.

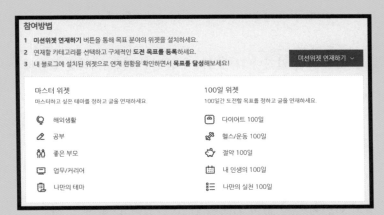

참여방법

1 **미션위젯 연재하기** 버튼을 통해 목표 분야의 위젯을 설치하세요.
2 연재할 카테고리를 선택하고 구체적인 **도전 목표를 등록**하세요.
3 내 블로그에 설치된 위젯으로 연재 현황을 확인하면서 **목표를 달성**해보세요!

미션위젯 연재하기 ∨

마스터 위젯
마스터하고 싶은 테마를 정하고 글을 연재하세요.

♀ 해외생활
✎ 공부
👥 좋은 부모
⬛ 업무/커리어
📖 나만의 테마

100일 위젯
100일간 도전할 목표를 정하고 글을 연재하세요.

🗓 다이어트 100일
🏃 헬스/운동 100일
🐷 절약 100일
📅 내 인생의 100일
📋 나만의 실천 100일

네이버 블로그 미션위젯을 이용하여 꾸준히 글쓰기를 할 수 있다.

100일 동안 꾸준히
실천할 미션을 정해
보는 것도 좋다.

손으로 쓰는 일기나 다이어리가 불편한 분들은 앱을 활용해 매일 글쓰기를 하는 방법도 있습니다.

'세줄 일기'라는 앱을 활용해 매일 일기를 적어보세요. 분량이 되면 내 일기를 책으로 출간해볼 수도 있답니다.

'쓺'이라는 앱은 매일 두 차례 글감을 제공해줍니다. 원고지 한 장의 화면에 부담 없이 기록을 남길 수 있어요. 좋아요, 하트 같은 다른 사람의 피드백 기능이 없어 글쓰기에 집중할 수 있다는 점이 장점입니다. 쓺 역시 글이 쌓이면 책으로 만들 수 있습니다.

사전에서 매일 한 단어씩 옮겨 쓰고 짧은 에세이 적기

저는 김훈 작가의 책을 읽을 때마다 '이렇게 모르는 단어가 많다니' 싶은 생각에 살짝 좌절감이 듭니다. 흐름이 끊길지라도 일부러 천천히 읽고 단어 뜻을 하나하나 찾아서 수첩에 옮겨 적기도 하는데요. 정확한 단어 쓰기 연습도 할 겸 배운 단어를 활용해 에세이를 쓰는 방법이 있습니다.

김훈의 《칼의 노래》를 읽다가 '멱통'이라는 단어를 접했습니다. 뜻을 찾아보니 '살아 있는 동물의 목구멍'이라고 해요. 그럼 이 단어로 짧은 글쓰기를 해보는 거예요.

멱통 : 살아 있는 동물의 목구멍

언제부터였을까. 집에서 살아 있는 동물을 기르기가 좀 무서워졌다. 정확히는 살아 있는 동물을 끝까지 돌보기가 무섭다는 말이 맞을지도 모르겠다.

초등학교 3학년 때 학교 교문 앞에서 사온 100원짜리 병아리가 그렇게 오래 살 줄은 몰랐다. 베란다 구석 박스에 넣어뒀던 100원짜리 병아리는 금방 죽을 거란 모두의 예상을 깨고 닭이 되기 직전까지 무럭무럭 자랐다. 좁은 베란다를 부지런히 날갯짓하며 말이다. 더 이상 집에서 키울 수 없다고 생각한 엄마는 닭이 된 병아리의 멱통을 땄다. 동생과 막 목욕을 하고 나온 후덥지근했던 일요일 오후, 100원짜리 병아리는 삼계

탕이 되어 점심 식탁에 올랐다. 나와 동생은 차마 먹을 수 없어 음식이 된 병아리를 가만히 내려다보았다.

좀 잔인한 예시였을까요? 책에서 읽었던 단어를 찾아보아도 좋고요. 아니면 국어사전을 ㄱ부터 찾아보는 것도 좋습니다. 몰랐던 단어를 하나씩 골라 옮겨 적고, 그 단어로 짧은 글짓기를 해보세요. 글쓰기 주제를 멀리서 어렵게 찾을 필요도 없답니다.

글을 모아 전자책 만들기

저는 전자책 쓰기라는 모임을 진행해 왔습니다. 전자책을 같이 쓴 분들을 보며 느낀 건 '완성된 결과물'은 생각보다 큰 성취감을 준다는 거예요. 제법 분량이 되는 글을 적어두었다면 크몽 같은 재능 마켓이나, 유페이퍼라는 전자책 유통 플랫폼을 이용해 전자책으로 등록해보세요. 출간되면 증쇄를 찍기까지 수정이 불가한 종이책과는 다르게 전자책은 수시로 글을 수정하거나 업데이트할 수 있습니다.

내가 쓴 글을 공개하는 연습을 꾸준히 해보세요. 독자가 있어야 글쓰기 실력도 늡니다.

03.

첫 책의 소재가 된
필사 노트

처음 필사를 시작했던 것이 2016년도였는데요. 그때부터 사용한 다이어리는 이사 갈 때도 버리지 못하고 매번 들고 다닙니다. 어떤 의도가 있어서 필사 노트를 적었던 건 아닙니다. 읽은 책이 좋았고, 그 책에 나오는 문장들을 어떤 형태로든 잡아두고 싶다는 마음에 무작정 필사를 했습니다.

이른 아침, 인적 드문 카페의 가장 좋은 테이블을 차지하고 그 주에 읽었던 책을 필사하고, 필사한 문장 밑에 자유롭게 제 생각을 적는 것이 큰 즐거움이었지요. 이 필사 노트는 첫 책을 쓸 때 아이디어 노트가 되어주었습니다. 첫 책이 독서 에세이였거든요. 어떤 책 이야기를 할지 목록을 추릴 때도, 그 책에 대한 개인적인 경험과 감상을 넣을 때도 매번 다이어리를 열어 글감을 찾았습니다. 기록했던 장소의 분위기, 기록했던 당시의 감정까지도 소환시키는 마법이 있더라고요. 그때 처음으로 기록의 힘이 얼마나 센지 알게 되었습니다.

필사의 힘

필사는 '손으로 하는 독서'라는 말이 있습니다. 눈으로만 읽었던 책을 다시 들춰 문장을 하나하나 베끼는 작업은 시간도 품도 많이 드는 작업입니다. 그렇기에 오랫동안 기억에 남는 독서법이기도 하고요.

조정래 작가는 아들과 며느리에게 자신의 작품인 《태백산맥》을 필사하도록 했다고 해요.

"애초에 글쓰기는 가르칠 수 없는 것이다. 필사하는 것만이 글을 잘 쓸 수 있는 방법이며, 필사하는 동안 황홀하기 짝이 없는 글 감옥을 경험하게 될 것이다."- 조정래 작가 인터뷰 중

외화 번역가로 유명한 이미도씨 역시 필사가 영어 실력을 높이는 좋은 방법이라고 말합니다. 다채롭고도 좋은 문장 표현을 자

서평 쉽게 쓰는 법

연스럽게 필사하면서 배울 수 있기 때문이죠. 또한 문장 구조를 익히는 데도 매우 효과적이라고 강조합니다.

필사하는 법

필사는 책을 통으로 필사하는 통필사가 있고, 읽고 좋았던 부분만 추리는 부분필사가 있습니다. 등단 작가를 꿈꾸는 문학도들은 스승으로 삼는 작가의 책을 통필사한다고 들었습니다. 책 한 권을 통째로 베껴 써야 하는 만큼 시간과 힘이 많이 드는 작업이기에 전 아직 통필사를 시도한 적은 없습니다. 그에 반해 부분필사는 책을 읽고 인상적이었거나 개인적으로 적용하고 싶은 문장들만 베껴 씁니다. 부분필사라도 문장을 요약하거나 핵심 키워드만 적지 않고 똑같이 적습니다. 문장 그 자체가 가진 구조, 글이 가진 분위기를 훼손하지 않기 위함입니다.

모든 책을 필사하는 건 아니고 수집하고 싶은 문장이 유독 많았던 책, 오래오래 기억하고 싶은 좋았던 책, 눈으로만 읽어선 이해가 잘 되지 않아 정리가 필요한 책들 위주로 필사를 합니다.

좋았던 문장 적고, 내 의견 적고

노트 맨 위쪽엔 책 제목과 저자명, 필사한 날짜를 기록합니다. 페이지에 붙여둔 필름 인덱스를 하나씩 떼어내며 문장을 천천히 옮겨 적습니다. 그 문장 아래에 '왜 나는 이 문장에 유독 끌렸는지' '나는 이 문장을 어떻게 해석하는지' 부담 없이 적어봅니다.

나의 의견을 적었다면 여백 없이 다음 문장을 베껴 쓰지 말고 충분히 여백을 두고 다음 문장을 씁니다.

왜냐하면 필사 노트를 나중에 다시 들춰볼 때 그 사이에 바뀐 나의 의견이 생길 테니까요. 그때를 위해 여백은 좀 넉넉하게 두면 좋습니다.

제일 중요한 건, 필사 노트는 자주 들춰봐야 의미가 있다는 겁니다. 한 번 쓰고 다시 보지 않을 거라면 구태여 힘과 시간을 들여 적을 필요가 있을까요?

저는 여러 노트를 나눠서 쓰지 않고 한 권에 몰아서 쓰는 편입니다. 스케줄러, 공부하거나 강의를 들으며 필기한 내용, 책을 읽

다가 옮겨 적은 문장까지 한 권의 다이어리에 다 있어요. 항상 다
이어리를 휴대하기 때문에 수시로 들춰보는 편이고요.

추천하는 펜

돈이 조금 들어도 필기구만큼은 마음에 드는 걸로 사도 좋다고
생각합니다. 노트와 펜은 한 번 사두면 오래 쓰기도 하거니와 가
심비가 좋으니까요.

필사에 관심 있는 분이라면 만년필도 꼭 한 번씩은 입문을 하
시더라고요. 가격 부담없이 초보자가 처음 써보기 좋은 만년필로
'파이롯트 가쿠노' '라미 사파리' '파버카스텔 룸피아노'를 추천
합니다. 펜촉은 EF 〈 F 〈 M 순으로 두꺼워진다고 보면 되는데,
제목이나 강조할 땐 F나 M도 괜찮지만 많은 문장을 필사할 거라
면 EF닙을 추천합니다.

저는 한동안 만년필을 즐겨쓰다 지금은 일반 펜을 주로 쓰는데
요. 볼펜은 '제트스트림 0.38' 유성펜은 '제브라 사라사 0.3' '시그
노 유니볼 노크펜 0.38'을 즐겨 씁니다.

04.

블로그에
서평 쓰기 팁

쉽게 서평을 쓸 수 있는 플랫폼은 역시 블로그입니다. 블로그 중에서도 가장 많은 사람들이 기록을 남기고 있는 네이버 블로그를 중심으로 서평 쓸 때 알아두면 좋은 점을 요약해보겠습니다.

첫 번째도 가독성,
두 번째도 가독성

SNS는 주로 스마트폰으로 이용하는 만큼 블로그에 글을 쓸 때는 가독성을 고려해야 합니다. 한 문장이 너무 길어지지 않도록 합니다. 또한 한 단락이 많이 길어지지 않도록 유의합니다. 글을 읽기도 전부터 눈이 피로하답니다.

네이버 도서 인플루언서로 활동 중인 이들의 글을 읽어보면 서평의 수준은 차치하더라도 '독자를 배려하는 글'을 쓰는 경우가 많습니다. 글이 쉽게 읽히고, 전체적인 글의 길이도 적당합니다. 글의 내용보다 편집에 더 신경 썼구나 싶기도 합니다. 도서 인플루언서를 따라할 필요는 없지만 그들이 독자의 가독성을 어떻게 배려하는지는 눈여겨봐도 좋겠습니다.

서론을 매력적으로

블로그는 전문적인 글보다는 대중적으로 편하게 읽히는 글이 아무래도 조회수가 높은 편입니다. 그렇다고 무조건 난이도가 낮은 글을 쓰라는 의미는 아니지만 '쉽게 읽히는 글인지' 고려해볼 필요는 있겠죠. 또한 '처음 한 방'이 재밌어야 그 다음 글도 읽어볼 의지가 생깁니다.

서평도 항상 정해진 대로만 쓰기보다 색다른 형식으로도 써보세요. 서두에 얼마 전에 겪었던 짧은 에피소드로 책 소개를 자연

서평 쉽게 쓰는 법

스럽게 넣는다든가, 화제가 된 뉴스를 소개하며 첫 글의 집중도를 높인다든가, 책의 주인공에게 편지를 쓰는 형식으로 서평을 쓸 수도 있습니다.

———— 블로그의 인용구와 구분선 활용하기

블로그의 인용구에 발췌한 문장을 넣어줍니다. 발췌문 밑에 해석, 의견을 넣을 수 있어 가독성 좋게 글을 쓸 수 있습니다.

글의 소주제가 바뀌거나 위 단락과 구분을 해주고 싶은 경우엔 구분선을 활용하면 됩니다. 저는 마루부리 서체, 크기는 16, 문장은 양끝 정렬로 설정한 후에 글을 씁니다.

PC에서 글을 쓴 후엔 '모바일 화면'으로 전환해서 스마트폰으로 읽을 때도 가독성이 괜찮은지 확인하고 글을 발행합니다. 맞춤법 검사 기능도 있으니 글 발행 전 꼭 확인하시고요.

구분선 활용   인용구 활용

　글을 발행할 때 '글감'에서 책 제목을 검색한 후 꼭 글감 선택을 해주세요. 그래야 내가 쓴 글이 검색이 됩니다.

　유명 작가들도 책을 낸 후 독자들의 반응을 살피기 위해 인터넷 서평을 부지런히 찾아 읽고 하트를 눌러주거나 댓글을 남기기도 합니다. 서평 덕에 유명 작가와 대화할 수 있는 기회도 만들 수 있으니 기왕에 '티 좀 내면서' 서평 쓰자고요.

　글감 선택 꼭 하세요!

　　　　　　　　　　　　　　　　　　　서평 쉽게 쓰는 법

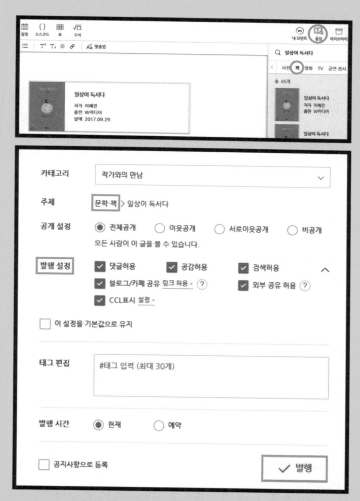

발행하기 전에, 꼭 〈글감 선택〉을 하여 책 이미지와 정보가 노출되도록 해준다.

전자책 써볼까요?

나의 경험과 노하우를 돈 받고 판다

약 2년 전부터 전자책 시장이 활황입니다. A4 100쪽 분량의 글을 쓸 수 있어야 하고, 한 분야에 어느 정도 전문성을 가져야 저자가 될 수 있다는 편견은 깨진 지 오래지요. 특히나 본인이 가진 노하우, 경험을 A4 약 20쪽 정도만 쓸 수 있다면 누구나 재능 마켓 플랫폼(크몽, 클래스101 등)에 등록할 수 있습니다. 또는 유페이퍼라는 전자책 유통 플랫폼을 통해 ISBN을 발급받고 예스24, 알라딘 같은 온라인 서점에 내 전자책을 판매할 수도 있습니다.

어떤 주제로 쓸 수 있을까?

　재능 마켓 크몽에선 '개인적인 경험, 노하우가 들어간 전자책이어야 한다'는 기준을 두고 '에세이, 시, 소설'은 등록이 안 된다고 했다가 '에세이도 판매 가능하다'고 방침을 바꿨습니다. 따라서 대단한 경험, 노하우를 담지 않은 일상적인 글도 전자책으로 만들어 재능 마켓에서 팔 수 있게 되었어요. 저는 '전자책 함께 쓰기'라는 모임을 약 2년간 진행해왔고, 멤버들이 주로 쓰는 주제는 이렇습니다.

- 다이어트 성공법

- 엄마표 영어, 엄마표 책 육아

- 블로그 운영법

- 인스타그램 운영법

- 나만의 특별 레시피

- 부동산 투자법

- 손품 팔아 저렴하게 해외 유학 가기

쓸 수 있는 주제는 개인마다 다릅니다. 나만의 주제를 찾을 땐 이런 질문을 해보면 좋습니다.

- 사람들이 나에게 자주 물어보는 화제거리가 뭐지?
- 내가 꾸준히 관심을 갖고 공부 혹은 자료를 수집해온 소재가 뭐지?
- 유튜브, 인터넷 검색창에 내가 자주 찾아보는 키워드는?

사람들이 나에게 자주 "어떻게 한 거야?"라고 물어보는 소재가 있다면 그걸 쓰면 됩니다. 기본적으로 책이 팔리려면 나의 관심사보다는 다른 사람의 관심사 + 내 나름의 노하우가 겹쳐지는 지점이 있어야 하거든요. 저는 회사 다니는 평범한 직장인이 책을 낼 수 있는 방법을 사람들이 궁금해했고, 미라클 모닝을 꾸준히 하기 힘든데 어떻게 오래할 수 있었냐고 자주 물어왔어요. 그래서 그 주제로 전자책을 썼습니다.

제일 잘 팔리는 분야는 '돈 버는 노하우'에 관한 책입니다. 내가 부업으로 꾸준히 아이 학원비 정도는 벌고 있다 하는 분들은 그 노하우를 묵혀두지 마시고 전자책으로 써서 팔아보세요. 전자책을 써서 등록하고 판매해본 경험이 또 다른 기회를 줄 수 있을 테니까요.

전자책 판매에는 두 가지 방법이 있는데요. 앞서 언급한 크몽 등의 재능마켓에 책을 등록하고 파는 방법입니다. 워드나 한글 프로그램에 쓰고, 완성된 원고를 PDF로 저장하여 등록하면 됩니다. 아래 사항을 숙지해두면 도움이 될 거예요.

- 표지, 목차를 제외한 본문이 최소 20쪽 이상 되어야 합니다. (크몽, 클래스101 기준, 탈잉은 50쪽 이상 되어야 등록 가능)

- 글자 크기는 12, 행간은 워드 1.5 , 한글 160%로 설정합니다. (크몽 기준)

- 표지는 무료 이미지 사이트를 이용합니다. 저는 표지 작업은 캔바를, 썸네일은 미리 캔버스를 이용합니다.

- 폰트는 반드시 상업적 이용이 가능한 것을 다운로드 받아 씁니다. 주로 네이버 나눔폰트, 눈누 무료 폰트를 사용합니다.

- 재능 마켓 전자책 등록 가이드는 아래 사이트를 참고하세요.

크몽 등록 가이드   클래스101 등록 가이드   탈잉 등록 가이드

유페이퍼에 등록하기

유페이퍼는 전자책 유통 플랫폼입니다. 유페이퍼에서 ISBN을 발급받은 후 각 인터넷 서점에 판매할 수 있습니다.

유페이퍼의 큰 장점은 내 책이 네이버라는 포털사이트에서 검색이 된다는 거예요. 크몽 같은 재능 마켓은 그 플랫폼에 들어가지 않는 이상 포털사이트에서 검색이 되진 않거든요.

대신 판매 가격의 상한선이 존재하는 편입니다. 재능 마켓의 경우 희소한 노하우라면 종이책의 수십 배에 달하는 가격에도 판매가 가능합니다. (심지어 그런 책이 잘 팔리기도 하고요) 하지만 유페이퍼에는 그런 가격으론 등록하기 쉽지 않습니다. 정해진 규정은 없으나 통상 2만원 이상을 넘어가는 전자책은 거의 없습니다.

내가 어떤 플랫폼을 이용해서 유통할지 고민을 해보면 좋습니다. 특별한 경험, 노하우라 그 값을 제대로 받고 싶다면 재능 마켓에서 고가에 판매를 해보세요. 인플루언서라면 플랫폼 수수료를 내는 일 없이 본인의 SNS에서 직접 판매할 수도 있고요.

책을 낸 경험을 통해 새로운 도전을 해보는데 의미를 두는 분이라면 유페이퍼라는 플랫폼을 이용해서 등록하는 걸 추천합니다.

종이책을 쓰려고 계획 중인 분은 전자책으로 책쓰기 경험을 먼저 해보시는 것도 좋습니다. 종이책을 쓰려면 A4 기준 80~100쪽은 채워야 하지만, 유페이퍼는 20쪽 이상만 되어도 등록이 가능하니까요. 긴 호흡으로 한 가지 주제의 글을 쓸 수 있는지 미리 연습을 해보세요.

유페이퍼 사이트

★☆★ 요약정리

1. 매일 글쓰기 연습 : 네이버 블로그의 '블로그씨' '미션위젯' 기능을 이용해보기.

2. 전자책 등록 : 하나의 소재로 A4 20쪽 내외의 글을 쓸 수 있다면 전자책으로 만들어 판매도 해보기.

사람들의 관심이 높은 주제라면 재능마켓 플랫폼을, 에세이 등 개인적인 소재의 글이라면 유페이퍼를 활용해서 등록해볼 수 있습니다.

과정을 기록하니
콘텐츠가 되었습니다

'아웃풋이 아닌 프로세스를 파는 새로운 가치 전략'이라는 부제가 붙은《프로세스 이코노미》에서는 '결과가 아닌 과정을 팔라'는 이야기를 합니다.

결과를 판다는 건 제품의 품질, 가격, 마케팅, 유통을 거쳐 좋은 상품을 저렴한 값으로 고객에게 제공하는 우리가 일상적으로 하는 매매 행위를 말합니다. 그렇다면 과정을 판다는 건 무슨 의미일까요? 말 그대로 결과물이 나오기까지의 모든 과정을 보여주며 그 과정 자체를 상품화하는 걸 말합니다. 창작자가 어떤 가치관을 가지고 난관을 이겨내 끝까지 결과물을 만들어내는 스토리를 보여주는 거죠. 이 과정에서 동질감을 느낀 이들이 자연스럽게 팬이 되어 응원을 보내고 그 팬 또한 2차 창작자가 되는 선순환이 일어납니다.

저자는 책에서 이렇게 단언합니다. 기술이 발전할수록 아웃풋은 점점 무료에 가까워지기에 결과물을 팔아서는 돈을 벌 수 없는 때가 올 것이라고 말이죠.

과정을 기록하고 있습니다

저는 약 2년 전부터 블로그 이름을 '과정을 기록하고 있습니다'로 변경했습니다. 꼭 상품 가치를 가진 과정이 아니더라도 제 자신의 성장 기록을 차곡차곡 쌓고 싶었거든요.

처음 공짜 책을 받고 서평 쓸 목적으로 열었던 블로그가 읽은 기록을 남기는 공적이자 사적인 공간이 되었습니다. 재밌는 건 독서 기록을 보니 제 관심사가 고스란히 나타나더라고요.

처음 블로그를 열었던 2013년, 2014년엔 주로 육아서를 읽었고, 2015년부턴 독서 습관을 붙이느라 쉽게 읽히는 에세이와 소설을 위주로 읽었습니다. 2017년엔 일잘러가 되고 싶어 자기계발서를 탐독했고 2018년도엔 세상 돌아가는 일에 너무 무관심하다 싶어 경제경영서를 부지런히 읽었고요. 배경 지식이 거의 없어 제대로 이해하지 못한 상태에서 쓴 서평도 눈에 띕니다.

2019년도엔 마흔통을 심하게 앓았어요. 누가 마흔을 불혹이라

하던가요, 유혹, 미혹, 의혹으로 바람 잘 날 없는 시기를요. 그때부터 '나의 업'에 대해 고민하기 시작했고, '내가 좋아하고 잘하는 일로 돈 버는 게 가능한지' 답을 찾고 싶어 1인 기업가로 잘 나가는 이들의 강연을 부지런히 찾아 다녔습니다. (그 고민은 모두 기록으로 남아 있고, 블로그 이웃들도 그 과정을 지켜봐주었습니다. 올해 늦깎이 만학도가 되어 대학원에 진학할 때도 이웃님들이 진심 어린 응원을 보내주었지요.)

2020년엔 돈 공부 책만 깊이 팠습니다. 2021년도엔 서평을 올리는 것에 회의가 들더라고요. 전문성을 가진 나만의 콘텐츠가 필요한데 내 글은 단순한 책 소개에 머물지 않나 싶어서요. 나만의 콘텐츠에 집착하며 고민 끝에 든 생각은 '이미 내가 보여준 과정이 콘텐츠'라는 것이었어요. 2013년부터 기록한 책 이야기들, 그리고 책 뒤에 숨어서라도 조용히 목소리를 내고 싶었던 그 과정이 다름 아닌 제 콘텐츠더라고요. 억지로 새로운 콘텐츠를 짜내는 대신 계속 해왔던 서평을 좀 더 업그레이드하자고 생각했죠. 그리고 우연한 기회에 '서평 쓰는 법'이라는 주제로 나눔 강의를 열었더니 백 명 가까운 분들이 신청을 해서 깜짝 놀랐고요. 책을 잘 읽고 쓰는 법에 대한 관심이 생각보다 높구나 싶었어요. 나

늄 강의를 들으셨던 분들이 복습을 겸해 본인의 SNS에 후기를 남겼고, 그 후기 덕에 외부 기관에서 강의를 해달라는 의뢰가 들어왔습니다. 결국 이렇게 서평 책까지 내게 되었네요.

공짜 책으로 시작한 서평이 사람들과 소통하는 다리가 되고 내 콘텐츠가 되기까지 그 흐름이 새삼 신기하다는 생각도 듭니다. 단순한 책 소개가 아닌 깊은 관점을 담은 서평을 쓰고 싶다는 욕구는 계속 있으니 조금씩 더 발전해가리라 스스로 기대도 되고요.

콘텐츠를 만든다는 건 좋은 내용을 담는 것이 제일 중요하겠지만 지속성 또한 무시할 수 없는 요소지요. 꾸준함은 결국 내가 좋아하는 일이기에 가능하더라고요. 읽은 책 이야기를 나누는 것이 즐겁지 않았다면 이렇게 몇 년간 해오지 못했겠지요.

나만의 블리스를 찾아서

마흔통을 심하게 앓았을 때 정여울 작가의 책들이 큰 위로가 되었어요. 《나를 돌보지 않는 나에게》에서는 '블리스'라는 개념을 '나를 빛나게 하는, 정말 나다운 것'이라고 소개합니다. 블리스를 찾는다는 건, 핵심 행복을 찾는다는 말이지요. 내게 기쁨을 주는 일을 늘리고, 슬픔을 주는 일을 줄여가며 삶을 단순화 해가는 것을 의미합니다. 블리스를 어떻게 찾을 수 있을까요? 정여울 작가는 '매일 꾸준히 자신의 시간을 두 시간만 확보해 가라'는 말을 합니다. 감사하게도 중년의 시기는 블리스를 많이 발견할 수 있는 때라고요.

우리 모두는 '어떤 일을 하면 내가 행복한지' 어렴풋이 알고 있습니다. 그 일을 드러내는 자와 드러내지 않는 자가 있을 뿐이죠. 나를 빛나게 만들어줄 '나만의 블리스'를 찾는 과정을, 이미 찾았다면 꾸준히 블리스를 추구하는 모습을 기록으로 남겨보세요. 공적으로 남긴다면 그 기록이 브랜딩이 될 테고 사적으로 남긴다면 나를 깊이 알아가는 기회가 될 것입니다.

서평 쓰기가 궁금할 땐
'다정한 어흥이'로 검색을

저는 '다정한 어흥이'라는 닉네임을 블로그에서 사용하고 있습니다. 어흥이는 남편이 남자 친구일 적부터 제가 부르던 애칭입니다. '어흥이'라는 닉네임만으로는 블로그 검색이 어려워서 '다정한'이라는 형용사를 궁여지책으로 붙였을 뿐입니다. 퍼스널 브

랜딩을 하려면 닉네임에 정체성이 드러나야 한다는 조언도 여러 번 들어서 바꿔볼까 생각했지만, 이미 이웃들에게 '어홍이'로 불리는 상태라 바꿀 수가 없더라고요. 정체성이 담기지 않은 서툰 닉네임이라도, 불려지는 어감이 참 좋아서 어홍이는 영원히 어홍이로 남을 생각입니다. 앞으로도 '다정한 어홍이'라는 이름으로 꾸준히 서평을 남길 작정이고요.

핸드폰 화면에서도 쉽게 읽힐 편안한 서평도 있을 것이고 대학원 과제물로 제출할 각 잡힌 서평도 있을 겁니다. 서평 쓰는 법이 궁금하다면, 혹은 편안하게 책 수다 떨 상대가 필요하다면 '다정한 어홍이'를 찾아주세요.